浙江省养生旅游范例

浙江省旅游局 ◎ 编

ZHEJIANGSHENG YANGSHENG LÜYOU FANLI

北京·旅游教育出版社

策　　划：丁海秀　李荣强
责任编辑：张　毅

图书在版编目（CIP）数据

浙江省养生旅游范例 / 浙江省旅游局编． -- 北京：旅游教育出版社，2016.11
　　ISBN 978-7-5637-3484-9

Ⅰ．①浙… Ⅱ．①浙… Ⅲ．①生态旅游－案例－浙江 Ⅳ．①F592.755

中国版本图书馆CIP数据核字（2016）第266842号

浙江省养生旅游范例

浙江省旅游局　编

出版单位	旅游教育出版社
地　　址	北京市朝阳区定福庄南里1号
邮　　编	100024
发行电话	（010）65778403　65728372　65767462（传真）
本社网址	www.tepcb.com
E - mail	tepfx@163.com
排版单位	北京旅教文化传播有限公司
印刷单位	北京柏力行彩印有限公司
经销单位	新华书店
开　　本	720毫米×1000毫米　1/16
印　　张	14
字　　数	171千字
版　　次	2016年11月第1版
印　　次	2016年11月第1次印刷
定　　价	68.00元

（图书如有装订差错请与发行部联系）

前言

为贯彻落实《国务院关于促进旅游业改革发展的若干意见》（国发〔2014〕31号）《国务院关于促进健康服务业发展的若干意见》（国发〔2013〕40号），近期，国家旅游局和国家中医药管理局联合发布了《关于开展国家中医药健康旅游示范区（基地、项目）创建工作的通知》（旅发〔2016〕87号），提出"用3年左右时间，在全国建成10个国家中医药健康旅游示范区，100个国家中医药健康旅游示范基地，1000个国家中医药健康旅游示范项目"，全面推动健康旅游产业快速发展。

从2012年起，浙江省旅游局就联手浙江省老龄委、浙江省卫计委、浙江省农业厅先后开展了省老年养生旅游和中医药养生旅游示范基地的创建与评审工作。通过评审专家严格评审，已评出杭州市余杭区鸬鸟镇山沟沟村、磐安县尖山镇管头村、普陀区桃花镇塔湾村等37家浙江省老年养生旅游示范基地；武义寿仙谷、乐清雁荡山铁枫堂、桐庐桐君堂等21家浙江省中医药养生旅游示范基地。此次出版的《浙江省养生旅游范例》从全省58家老年养生示范基地与中医药健康旅游示范基地中遴选了较为优秀的36家作为典型案例进行介绍、评述与推广，以期对浙江省乃至全国养生旅游产业的发展有所助益。

多年来，浙江省在推动与发展养生旅游中，坚持以人为本、服务群众，市场主导、政府扶持，突出特色、打造品牌，加强管理、规范发展的基本原则。经过不断建设，已涌现出一批特色鲜明、管理规范、效益明显、发展前景较好的典型案例，在实践探索上积累了一些行之有效的经验与做法，形成了具有浙江特色的养生旅游开发与经营管理模式，具体表现为"三个协调"。

一是保护与开发相协调。坚持在保护基础上进行适度开发，使开发与保护始终处在一个科学合理的平衡点上。在此《范例》中，我们收录了淳安富文乡青田村、磐安环大盘山中医药养生园、景宁云中大漈景区、玉环大鹿岛景区等在生态环境保护与开发方面实现了双赢的案例；收录了杭州建国南路中医药街、义乌中华养生丹溪文化园、建德大慈岩新叶村、江山廿八都古镇等，无论在传统中医药文化上，还是在古建筑文化和民俗文化资源上，都做到了在保护前提下开发，在科学开发中实现最好保护的案例。

二是传承与创新相协调。《范例》列举了我省在近几年的实践探索中已涌现出的不少成功案例。譬如乐清铁枫堂如何利用雁荡山独特的火山流纹岩地貌、温带海洋性气候和森林密布的生态环境优势，开发铁枫堂铁皮石斛品牌，并在古老的铁枫堂文化中注入现代生物科技的创新元素，使古老的仙药在传承与创新的平衡点上焕发出前所未有的生命活力。

三是政府扶持与市场运作相协调。在养生旅游前期规划和公共基础设施建设方面以政府为主，在资金投入、经营管理、产品营销和利益分配上以市场运作为主，并用较为灵活的体制机制将两者结合起来，以发挥各方面的积极性。《范例》介绍了磐安县向头村在县政府的指导下，实施"四统一"经营管理模式，即统一对外促销、统一接团分客、统一收费标准、统一结算账目，不仅避免了民宿（农家乐）经营户之间的无序竞争及由此带来的利益纷争和对环境资源的破坏，而且能凸显村的整体形象，起到良好的宣传效果。

春江潮水连海平，海上明月共潮生！当前，旅游产业正以蓬勃向上、雷霆万钧之势快速发展，而作为旅游产业的新军——养生旅游，犹如这大潮中一轮冉冉升起的明月。我们坚信，浙江的养生旅游一定会由小变大、由弱变强，一定会勇立潮头，一步一步走向新的辉煌！

浙江省旅游局
2016年8月22日

目录 CONTENTS

上编 中医药文化养生旅游示范基地

01 在养生中体验旅游 在旅游中享受医疗——杭州建国南路中医街……003
02 文化养性 药膳养生——杭州东方文化园……008
03 桐君故里 药祖圣地——桐庐桐君堂……012
04 让健康人更健康 让亚健康变健康——宁波易中禾仙草园……018
05 秀色美景 药膳养生——宁波香泉湾山庄……023
06 医药养人 文化养心——温州叶同仁中医药博物馆……028
07 中华仙草 行业领跑——乐清雁荡山铁枫堂……034
08 温润如玉 幸福泉涌——泰顺县玉龙山氡泉度假村……040
09 游居业合一 健康可持续——嘉善云澜湾温泉度假小镇……047
10 以德为先 与时俱进——湖州德泰恒大药房……052
11 精细服务 做竹养生——安吉浙江圣氏167养生馆……058
12 中医国粹 梦回丹溪——义乌中华养生丹溪文化园……062
13 人间福地寿仙谷 传承创新济苍生——武义寿仙谷有机国药养生园……067
14 森林氧吧 生态休闲——浙江环大盘山中医药生态旅游基地……075
15 吃药膳 避酷暑 赏美景——缙云懿圃西红花养生园……080

下编 老年养生旅游示范基地

16 天堂边最美的村庄——杭州余杭山沟沟村……087
17 船在水上行 人在绿中游——桐庐分水新龙村……092

18 怡心养生之地　宁静安详之峪——淳安富文乡青田村	099
19 一幅被时代遗落的历史画卷——建德大慈岩新叶村	104
20 由"脏乱差"变身为"绿富美"——宁波象山方家岙村	111
21 避暑胜地　食疗养生——安吉上墅董岭村	119
22 天然氧吧　养生福地——绍兴柯桥区玫瑰休闲山庄	123
23 美丽赵家　山水东溪——诸暨赵家镇东溪村	128
24 高山零污染　天然氧吧村——绍兴上虞东澄村	134
25 湖畔之花　山水人家——磐安玉山镇向头村	139
26 避暑胜地　浙中承德——磐安尖山镇管头村	145
27 香飘七里　生态绿洲——衢州柯城区七里乡	150
28 云绕高峰　闲趣梅底　养生福地——常山东案乡高峰村	156
29 康体养生　愉悦"龙门"——开化县龙门村	163
30 江南古塞　养生福地——江山廿八都古镇	170
31 面朝大海　春暖花开——舟山桃花岛塔湾村	175
32 羊岩　养眼　养颜——临海羊岩山茶文化园	181
33 不能错过的风景　晚年心灵的家园——天台县南屏乡	187
34 东海碧玉　养生胜地——玉环大鹿岛	193
35 胸中尘俗多如许　借与清泉一洗之——景宁云中大漈景区	199
36 天然氧吧灵秀地　冬暖夏凉养心园——遂昌县南尖岩景区	206
后　记	213

上编 中医药文化养生旅游示范基地

01 在养生中体验旅游
在旅游中享受医疗

——杭州建国南路中医街

在杭州人的印象里,有一条历史老街——上城区五柳巷历史文化街区全面保留着原汁原味的老杭州市井味道。2014年,这条街的一部分重要区块被开发建设成中医街,这是除南宋御街、清河坊、小河直街、大兜路等知名的历史街区外,杭州挖掘出的又一处南宋历史文化古街。走在五柳巷中医街,墙绘以中医药文化为主题,一蓬蓬绿油油的金银花枝繁叶茂,中药的清香在空气中蔓延。

"建国南路中医街"是浙江豪懿医疗投资管理有限公司投资运营的中医药

上编 中医药文化养生旅游示范基地

养生旅游重点模块。其所在的五柳巷是建国南路最具代表性的历史名巷，绿荫错落、水榭亭台，环境优美，历史文化底蕴深厚。街区毗邻西湖风景区、南宋御街，东临建国南路，北起郭东园巷，南至河坊街，地理位置优越，交通便利，且配备专用停车场。被上城区政府定位为"以中医药健康养生旅游为主的智慧医疗产业集聚区块"，集中医医疗、技艺传承、养生保健、中医旅游、文化传播等功能于一体，于2013年10月启动建设，2014年5月建成。

建国南路中医街启动至今，共投入8000余万元进行中医街古建筑的保护改造、内部装修及医生的引进。街区场馆占地3500余平方米，现已开设中医内科、妇科、儿科、针灸、推拿、肿瘤、中西医结合科等科室，辅设检验科、B超室，拥有医护工作人员180余人，已引进以何嘉琳、连建伟、鲍严钟、盛增秀为代表的国家级名老中医10余位，名老中医200余人，单个医馆日问诊人次300余人。

老字号做活招牌，普惠全国患者

"建国南路中医街"现开设三慎泰国医馆、傅同春堂国医馆和天禄堂五柳巷国医馆，以及三慎泰养生中心、三慎泰大药房、德合大药房、医疗器械专卖店、许家老号、宝丰参行等中医药机构，目前已经引进5家名老中医诊所、名医工作室、中医养身馆、中医药博物馆、药膳馆等，打造成为杭城第一条中医药文化特色街区。医馆已经正式开通杭州市医保和浙江省医保，并举办一系列益民惠民中医药文化活动。

建国南路中医街以中医健康诊疗为核心，依托街区深厚的中医养生文化底蕴，配套中医药体验馆、名中医

秘方馆、中医流派历史文化馆、中医药膳馆、健康大讲堂等项目，匡扶名老中医一人一流派个人诊所的传统模式，打造中医流派的"产业孵化器"，做到名中医拎包入驻，服务杭州百姓和全国各地患者。

建设产业园区，打造养生胜地

"建国南路中医街"在治疗百姓病痛的同时，传承弘扬杭州中医流派文化，使诊所兼顾诊疗、展览、教育、旅游、宣传等多项功能，突出中医药街区产业集聚的鲜明优势，打造中医药大健康产业集聚区，更好地提升杭州中医药养生保健文化旅游的知名度与影响力。

建国南路中医街的各医馆、诊所均按照旅游服务点的要求，设有咨询服务台，提供游客必要的旅游咨询服务，上岗人员除须具备专业的医疗服务资质外，均须经过专业的旅游咨询服务培训。每个馆内均设有引导提示标语、中医药养生知识手册、休息室、免费养生茶供游客参观体验。中医街依托3个百年老字号的历史文化，将中医、养生旅游、中药融合，还有绘画艺术和中医药文化为主题的特色墙绘，使古街老店格外有味道，步入中医街仿佛置身清末民初，让游客沉浸于古典的建筑风格与厚重的中医药文化中，在与名老中医交流养生之道的同时，做到寓教于游。

在做强传统中医文化的同时，中医街积极拓展产业链上下游项目，依托老字号遗留的经典处方、名老中医家传秘方开发各类中医养生保健产品，让游客们在体验中医文化的过程中，寻找到符合自身健康需求的延伸产品。

在中医街项目投入运行以来，已经成功举办了杭州首届中医药养生保健旅游文化节、中医药养生文化1日游、药草雅韵百草巡展、游客身边的名中医、名师有约共话养生、老字号国医馆主题月、浙江省名老中医个人成就展等众多不同形式的主题活动，为游客提供全方位的中医药养生保健特色旅游体验。

旅游信息

地址：浙江省杭州市上城区建国南路173号

电话：0571-88140901

网址：http://www.zjhy.com.cn/index.aspx

微信：建国南路中医街　hy-zhongyijie

专家点评

杭州市政府在《促进健康服务业发展的实施意见》中提出：到2020年，打造一批具有较强知名度的健康服务品牌和健康服务产业集群，实施集聚区优先发展，基本建成健康服务产业发展和消费促进全国示范区。现在，中医药事业发展正处于上升中的转型时期，已经形成"扶持中医药和民族医药事业发展"的共识。杭州上城区中医药资源丰富，有浙江省中医院等省级医疗机构、胡庆余堂、方回春堂、万承志堂、同仁堂、叶种德堂等百年老字号国医馆、中医学院中医门诊部等。由于受独特的中医文化熏染，建国南路主打中医特色，以中医医疗为基础，以中医文化、名医技艺传承为主体，辅以综合服务配套的综合服务功能，服务杭州百姓和全国各地患者，是因地制宜、整合资源的绝佳案例。

上城区是最能代表"老杭州味道"的一个区，吴山天风、河坊民俗、御街繁盛，每一座山、每一条路都能说上一串故事。该区的五柳巷之名源于南宋的一个皇家小御园，名为"五柳园"。五柳巷南起斗富三桥，北至道院巷，东依东河。宋代东河为护城河，史料记载："城外绕有宽达十丈的护城河，亦称城濠。河岸种植杨柳，禁人往来"。五柳巷历史文化街区所处的位置为杭州古城的重要地段，旧时多为达官贵人居住之处，历代遗迹众多，小巷仍保留民国时期所建的里弄建筑。斗转星移，现今的五柳巷历史文化街区经过3年时间的有机更新，建筑立面、绿化景观、环境小品等多方面都得到了整治改造。其中的建国南路古为小道，宋代起此地多名园，以富景园为最。元朝称百花池上，又名白花蛇巷，明代有孔雀园、茉莉园，因巷内木作坊较多，后又改称板儿巷，是最具代表的历史名巷，绿荫错落、水榭亭台、环境优美、历史文化底蕴深厚。建国南路中医街，在修饰改造中最大限度地保留了古色古香的历史建筑，青石板路泛着亮光，石墩、水井、石台阶、白墙黛瓦、木门木窗……无一不透着老底子杭州的味道，让市民和游客仿佛穿越至民国，感受不一样的文化生活。

（浙江旅游职业学院党委书记、教授　王昆欣）

02 文化养性　药膳养生

——杭州东方文化园

青山如黛、翠竹婆娑、宝塔掩映、白鹭群栖，人文、自然、生态景观有机融合，为来自国内外的游客提供了高品质的休闲旅游和度假享受。

杭州东方文化园，位于钱塘江、富春江、浦阳江三江汇合处的萧山义桥杨岐山南麓，占地面积80公顷，总投资5亿元，是杭州市的重点旅游项目，距离杭州市

区、萧山城区各15公里。这里左邻湘湖，右连渔浦，田园村落、莺飞草长、浅山碧水，风光秀丽。东方文化园自成立以来，先后被国家有关部门授予"国际休闲产业示范基地"、"中国旅游文化示范地"、"中国十佳主题公园"、"中国最佳休闲度假胜地"、"中国最具国际影响力休闲旅游景区"、"中华旅游文化创意名牌景区"、"浙江省中医药文化养生旅游示范基地"等荣誉称号，还被国家有关部委命名为"世界宗教学术研究基地"、"中国佛教文化展示中心"、"中华民族东方文化园"、"中华养生文化研究发展中心"、"杭州市文明风景旅游

景区"，并授证书和铜牌确认。

融合多元文化

园内以周易八卦布局，儒、释、道三家同构建筑，2728米彩绘艺术长廊贯穿全园八大景区（世纪广场、佛家区、道家区、儒家区、东方度假区、千亩大草原、山瑞览胜景区、世界珍奇瓜果园），充分展示了东方传统文化的丰富内涵和深厚底蕴。

做大产业链

文化园研发了7个品种的药膳产品，常年供应；铁皮石斛仿野生棵植基本成功、中药养生露酒产品研制成功、红豆杉养生酒研制成功并

不断推向市场；开发养生菜肴，并纳入园区内太虚湖假日酒店的餐饮菜单中，重点向宾客推荐养生菜式。

开发特色产品

文化园推出以中国佛教文化展示中心·千年古刹杨岐禅寺指导的修心禅坐；以杭州吴山国际太极拳协会指导的太极健身；以中国杭州·尚君书院指导的国学体验；以中华老字号·百年素春斋指导的蔬食养生等特色产品，将渗透于传统文化中的养生智慧，深入挖掘并融汇在产品这中，让游客在游览东方文化园的同时完成全方位体验安神养性的修心之旅。

开展特色营销

与世界养生大会组委会合作,自2011年以来每年举办一届世界养生大会,邀请世界各地关注养生,致力于养生事业的各界人士参加,举办各类主题的养生讲座,推广丰富多样的养生产品、践行养生理念。此外,文化园海联合景区内的杨岐禅寺,每年免费发放端午"香囊";每年腊八节还会免费赠送数千份"腊八粥"。

未来的旅游综合体

杭州东方文化园从一家普通的旅游景点发展到现在,已经拥有旅游景区、度假酒店、疗养院、中华养生文化研究发展中心等多个功能模块,现在正积极探索打造旅游综合体,以适应大众旅游和全域旅游的需求。未来,杭州东方文化园将以企业为载体,搭建健康养生学习交流平台,全方位提升社会大众的健康意识,修养身心、陶冶性情、追本溯源、顿悟生命,感悟中华养生智慧,构建"生命和谐",探索"生命意义",以求"修身养性",提高"生命质量",更好地"弘扬传统养生文化,推动杭州养生事业发展",引起人们对健康的重视,不断传播健康文明养生理念,促进经济社会发展,提高人民生活品质,为中华民族伟大复兴和人类文明进步作出更大贡献。

旅游信息

地址: 杭州市萧山区义桥镇

电话: 0571-82336868

住宿: 杭州太虚湖假日酒店、世外桃源皇冠假日酒店、第一世界大酒店。

附近景区：湘湖景区、极地海洋世界、杭州乐园。

交通：距杭州萧山国际机场35公里、杭州火车站25公里、杭州火车东站30公里，杭州汽车南站25公里。

二维码：

专家点评

文化养生是一种由文化资源转换而来的养生形态，与我们通常所说的食养、药养、水养、体养相比，这是一种精神层面的养生，是"深度养生"。它着眼于养生生态、养生系统的视角，不仅将养生置于个体生命的流程，而且将养生置于个体与社会、生态、环境和谐的生存境遇中，从而体现了它养生深度、厚重和博大的精神内涵。文化养生是一种心理活动，也就是人们通过对文化的认知、感受、感悟、体验等，使文化元素在人的机体内产生反响，产生不同程度的心理和情感反应。积极的反应可以调节人体免疫功能，使人的身心在平和、舒坦、清雅、愉悦中获得调适，形成和谐的心态，从而成就健康延年。杭州东方文化园对文化养生的打造主要体现在三个层面：一是空间布局，园内以周易八卦布局，实现了儒、释、道三家同构建筑；二是体验项目，如以中国佛教文化展示中心·千年古刹杨岐禅寺指导的修心禅坐、以杭州吴山国际太极拳协会指导的太极健身、以中国杭州·尚君书院指导的国学体验等；三是营销手段，如，文化园海联合景区内的杨岐禅寺每年免费发放端午"香囊"、每年腊八节免费赠送数千份"腊八粥"等。

（浙江旅游职业学院教授　刘建明）

03 桐君故里　药祖圣地

——桐庐桐君堂

到桐庐旅游，一定会去游桐君山。桐君山上有桐君塔和桐君祠。桐君祠内有一组长25米、高4.2米、宽1.4米的彩色历代名医群体全身塑像。其中的桐君老人被推崇为中国古代的医药始祖。春秋战国时期的扁鹊、东汉张仲景、三国华佗、东晋葛洪、唐代孙思邈、宋代王维一、明代李时珍、清代王清任等历代先贤医圣济济一堂。因此，后人将桐君山称作"药祖圣地"。据史籍记载，桐君为黄帝时人，识草木金石性味，定三品药物，以君（主药）、臣（辅药）、佐（佐药）、使（引药）为处方格律，著有《桐君采药录》，垂数千年沿用迄今。近年来，声名大振的桐君堂正是在这源远流长、底蕴深厚的中医药文化沃土上成长起来的著名企业。

桐君堂药业有限公司，位于"中国最美县城"桐庐。这里是桐君故里、药祖圣地。该公司原为杭州桐君堂医药药材有限公司，为提升企业形象，于2015年5

上编 中医药文化养生旅游示范基地

月更名为桐君堂药业有限公司（以下简称为"桐君堂"）。桐君堂主要经营"药祖桐君"牌中药饮片系列产品及精品中药材。2012年11月1日公司所属"桐君中医药文化博物馆"开馆，占地面积1000余平方米，为民办非企业单位，长年免费向公众开放。2013年被授予"浙江省中医药文化养生旅游示范基地"称号。桐君堂注重自身发展，先后获得"2015中国品牌文化影响力500强"、"第四批浙江省非物质文化遗产保护名录"、"金牌老字号"、"浙江省知名商号"、"浙江省著名商标"、"浙江省突出贡献企业"等称号。

祭中药鼻祖，游潇洒桐庐

北有神农，南有桐君。桐君中医药文化是祖国中医药文化中的瑰宝，脉承于黄帝时期中药鼻祖桐君先生，是中国南方地区影响最广、历史最悠久的传统中医药文化流派之一，

013

被誉为国药文化中的杰出代表。桐庐县政府十分重视传统文化的传承与发展，分别于1989年、1990年、1991年连续三年举办了旨在朝拜中药鼻祖，弘扬桐君精神的"华夏中药节"；2004年桐庐民间举办了盛大的祭祀桐君活动；2006年作为杭州休博会之一，桐庐县举行中药鼻祖朝圣活动；2008年桐庐县举办"朝拜中药鼻祖·探游药祖圣地"活动。2012年，桐庐县政府以"弘扬药祖文化、打造养生福地、发展特色产业"为目标，进一步传承国药精粹，突出养生理念，倡导健康休闲，大力引进和培育以中医药养生为主体的养生旅游产业，展示桐庐秀丽山水风光和丰富旅游资源的窗口，提升"中国画城·潇洒桐庐"的知名度和美誉度，举办"首届华夏中医药养生文化旅游节"。活动期间举行"华夏药祖朝圣典礼暨桐庐养生精品线路体验游"、"养生美食大赛"、"中医药养生旅游文化论坛"、"桐君中医药文化博物馆"开馆、"中药名优产品联展"等活动，将桐庐的养生文化旅游推向高潮，活动定期每两年举办一期，打造"潇洒桐庐·养生福地"的旅游活动品牌。

依托资源优势，创新药祖品牌

桐庐县地属亚热带季风气候，温和湿润、雨量充沛、日照充足，境内有着极其丰富的野生中药资源，药材生产历史悠久。清康熙二十二年（1683年），桐庐县志载有地方药材50个品种，光绪二年（1876年）载有67个地产药材。民国十八年（1929年）六月，杭州西湖博览会上，桐庐之茯苓、木瓜、五倍子、玉竹获中药材一等奖。2005年12月15日，脉承于黄帝时期，创始于明洪武十七年（1384年）的中药商行，由桐庐县医药药材有限公

司更名为桐君堂药业有限公司，"桐君堂"正式成立。与此同时，桐君堂在开发与经营上形成了自己的模式：一是借助于当地丰富蕴藏的药材资源及在全国各地结合农户开展的道地药材基地种植，形成研发—种植—生产—销售一体化的产业链模式，从源头上保证药品的质量，并加大企业硬件设施投入，建立省内一流的中药饮片检测中心，严把质量关，全力打造安全、健康、天然的"药祖桐君"牌中药精品。桐君堂中药销售现已遍布省内各大医院、诊所及周边省市。二是秉承"传承创新"理念，增加企业科技含量，实现企业转型升级，积极吸纳科技型人才，引进拥有"制备水溶性红曲"发明专利的陈小林博士，生产的红曲一经面市，就备受广大消费者青睐和好评。2015年公司销售额6.25亿元，其中主打系列产品"药祖桐君"牌中药饮片销售5.40亿元，成为公司的支柱产业。

打造中药场馆，弘扬中医文化

桐君堂不仅自身快速发展，也注重企业文化发展，借助桐庐县特有的"药祖桐君"地域文化，斥资近千万元倾力修建桐君中药文化墙长廊、桐君百草园和药祖广场，以及国内首家以桐君中医药文化为特色主题的中医药文化博物馆。该馆于2012年11月开馆，展馆面积千余平方米，分前厅和主馆区两大块儿。其中主馆区分为古药铺、古药街、桐君中药文化实物、古旧书籍、古炮制煎煮等用品用具和中药材标本及样品、红曲生产工艺的古貌复原场景等八大块儿内容。馆内共展出千余册古旧中医药书籍和千余个实物展品，是一个集中医药种植研发、生产销售、文化展示和养生体验于一体的文化养生主题博物馆，也是中国中医药界少有的一个文化场景，使药祖圣地悠悠千载的中医药文化历

上编　中医药文化养生旅游示范基地

史沉淀得到集中展示，更是世人领略祖国中医药文化博大精深的文化园地。据悉，该馆的桐君中医药文化被列入浙江省第四批非物质文化遗产保护名录。其代表性非遗传承人申屠银洪说，桐君中医药文化非遗馆具有文化性、专业性、科普性、观赏性、趣味性五大特征，是集桐庐中医药文化历史收藏展示、中医药知识传授、怡情生活休闲养生体验于一体的特色中医药文化主题博物馆。它不仅是桐庐本土特色中医药文化展示的窗口、健康养生知识科普的传播平台，也将打造成桐庐休闲养生旅游的名片，让参观者穿越时空去感受传统文化的博大精深和药祖圣地的养生文化底蕴。2012年及2014年的两届"华夏中医药养生文化旅游节"、全国性的"桐君中药文化高峰论坛"、"桐君堂杯全国中药真伪鉴别大赛"等活动的举办，使桐君中药文化的内涵和厚重得以经久不息的传延、扩张和弘扬，更让"桐君堂"品牌走向全国。

发展愿景令人憧憬

"药祖桐君"牌中药饮片系列产品在浙江省内获得较高的知名度和行业认可度。桐君堂将一如既往地打造精品、名品，并在未来几年里，建立起省内第一条全自动中药饮片生产线，提供更加稳定的标准化的中药饮片，同时建立实时查询、观摩的省内首家"阳光煎药房"，让顾客通过客户端可以查询相关的生产信息，提供透明、优质、安全的药品服务。对现有的"药祖桐君"百草园进行扩大改建，种植更多药材品种，为杭州市青少年科普教育基地的社会科普工作提供优良条件。今后，杭州桐君堂还将进一步挖掘中医药文化内涵，不断完善旅游设施，丰富养生旅游产品，突出养生旅游特色，充分发挥示范引领作用，为浙江省中医药文化养生旅游发展作出贡献。并进一步挖掘保护桐君中药文化，力争申报成功国家级非遗保护名录。

相关旅游信息

名称： 桐君堂药业有限公司

地址： 桐庐县城迎春南路277号立山国际中心22楼2203室

咨询热线： 0571-64627017

交通： 由杭州西站乘坐至桐庐快客直达；自驾：从杭州出发，经城西绕城高速，转杭新景高速，行车约半小时，由桐庐县城道口下，直行过大桥即可。

专家点评

桐庐地处"西湖—富春江—新安江—千岛湖—黄山"国家级黄金旅游线的中心地段，自然景色优美、文化底蕴深厚。这里曾是元代大画家黄公望先生传世杰作《富春山居图》的创作原始地，也是现代著名画家叶浅予的故里及其名作《新富春山居图》的原创地。而其中最为弥足珍贵的无疑是丰厚的桐君中医药文化遗存。近年来，为传承与弘扬中医药文化，造福子孙后代，桐君堂药业有限公司斥资千万元修建起桐君中医药文化博物馆，成为全国第一家以"药祖桐君"为主题的博物馆，桐君中医药文化也同时被列入浙江省第四批非物质文化遗保护名录。2015年，省旅游局、卫生厅、农业厅联合下文，将桐君堂药业有限公司列为浙江省中医药文化养生旅游示范基地。

桐君堂之所以在短期内取得不俗的社会效益和经济效益，除得天独厚的桐君中药资源外，还有以下三方面的经验值得汲取：一是在开发与经营上形成了"研发—种植—生产—销售"一体化的产业链模式，建立起省内一流的中药饮片检测中心，严把质量关，全力打造安全、健康、天然的"药祖桐君"牌中药精品；二是秉承"传承创新"理念，增加企业科技含量，吸纳创新型发明专利成果，打造"药祖桐君"系列品牌；三是投入巨资修建桐君中医药文化博物馆，以百年老字号"桐君堂"始创、重生、发展历程为主要脉络，以传续中华老字号和保护非物质文化遗产为主旨，通过文献、实物与体验相结合的方式再现桐庐独特的中医药文化，集中展示了桐君堂人守望、坚持、传承和弘扬桐君中药文化的信念与希冀。

（浙江旅游职业学院教授 汪亚明）

浙江省养生旅游范例

04 让健康人更健康
让亚健康变健康

——宁波易中禾仙草园

人是自然创造的不能光合作用的脆弱"植物",自然以一种特殊的水浇灌它。每每仰脖饮尽杯中的养生茶,便觉得那是自然在给脆弱"植物"浇水了,便听见了草木虫鱼的精华穿透生命庙堂的声音,听见了绿色的青葱在浸润着每一个患病细胞的声音。

易中禾仙草园,坐落于宁波东钱湖畔的云龙,以九大仙草之首铁皮石斛为主题,以药王金线莲为主打,秉承"自然养生"的理念,在千岛湖、天目山等有四大基地,把现代科学与传统文化紧密结合形成双螺旋基因,经权威机构检测48道破壁冻干技术、五项国家发明专利,易中禾铁皮石斛有效成分已达到国标的2.4倍。目前,易中禾仙草园拥有100多种名贵中药材

的科普种植示范,建有易中禾仙草园二十景:隐学书院、仙草苑、国药馆、百岁坊、荟贤阁、徐王堤、龙吟台、长寿府、荷花池、聚缘堂、培植示范园、石斛抱梨不老檀、亲子园等。易中禾仙草园每月定期举办公益性养生大讲堂一次,并在每周开展健康沙龙活动(甬剧、心理、插花),每天开设书法、国画、古琴、瑜伽、国学、辟谷、道家、太极拳、越剧等养生课程,接待游客的同时,让人们体验独特的仙草DIY、仙耕七坊、孝行天下等亲子活动,在一眼望千年的仙草园品尝特色仙草宴。近些年,易中禾仙草园先后被列为"宁波市现代农业园区"、"宁波市农业标准化示范区"、"区农业龙头企业"、"宁波市科技型初创企业"、"宁波市科普教育基地"、"宁波市星火示范基地"、"宁波市科普场馆"、"浙江省中医药文化养生旅游示范基地"等。

走高端之路

易中禾成立之初就秉持发展的理念,用高科技来发展现代高端养生休闲农业,传承中医药养生精髓。企业将研发团队研发力量的建设放在重要的地位,目

前，仙草园已经同中科院华南植物所、北京大学、空军航天研究中心、浙江大学、浙江农林大学、浙江省中药研究所、宁波大学、浙江万里学院、宁波医药高专等学校高端科研院所展开技术合作研发交流，在资深专家指导下，依托高科技完成了野生铁皮石斛的组培产业化等系统工程，获得国家发明专利5项。

树品牌形象

在生产经营过程中，公司始终把农资质量作为企业的生命线，坚持以质量品牌为核心，积极引进国内外先进的种苗繁育技术。多年来，公司与多家国内外著名生态观光企业建立战略合作关系，以优质品牌服务于农民，使"易中禾"品牌逐渐成为宁波市乃至浙江省地区的优秀品牌。

拓产业服务

公司坚持以"让亚健康变健康，让健康人更健康"为服务宗旨，积极开展中药材科普、技术培训、有机种植示范推广、休闲养生等系列服务，推广有机栽培模式，帮助农民向休闲农业、现代农业、高效农业发展。

集多业态于一体的中医药养生基地

公司下阶段将把发展中医药文化养生旅游作为园区未来发展的战略重心。不断汲取寿仙谷等浙江省首批中医药文艺养生旅游示范单位的先进经验，制定"易中禾仙草园中医药养生文化旅游战略性发展规划"，将易中禾仙草园打造成宁波乃至全国的一张亮丽的中医药文化养生旅游名片；以"让亚健康变健康，健康人更健康"的理念为引领，加强前瞻性养生产品，引领新的健康理念，并开发丰富的具有易中禾特色的中医药文化养生旅游系列产品，不断提升品牌价值；易中禾拥有无法复制的硬件和地理位置资源，拥有专业化的团队和丰富的大活动举办经验及游客接待能力，相信在各级政府和旅游局相关领导的支持下，将形成一个集中药材种植、中药材科普、中医药养生服务、餐饮休闲、养生度假于一体的易中禾中医药新业态。

上编 中医药文化养生旅游示范基地

旅游信息

总部地址：宁波市东钱湖大道791号（易中禾仙草园）

电话：0574-87559517

住宿：东钱湖周边酒店。

交通：上海、南京、杭州都有高铁直达宁波，然后转乘906路大站、907路车到香颂湾站下车即到。

专家点评

与其他的养生基地不同，宁波易中禾仙草园走出了一条属于自己的特色之路，主要体现在三个方面：一是与多家权威科研机构合作，加大对核心资源的研究力度，短短几年间，在培育出有效成分达到国标2.4倍优质铁皮石斛的同时，还获得了多项国家发明专利，极大地提升了基地在业界的权威地位；二是打造基地的立体化、系统化养生，除中医药养生外，还有仙草园二十景自然景观养生、每月定期举办的文化养生、孝行天下的运动养生、特色仙草宴的膳食养生等；三是易中禾仙草园对当地农民积极开展中药材科普、技术培训、有机种植示范推广、休闲养生等系列服务，推广有机栽培模式，实现了养生文化的区域化，赢得了更大的社会效应。

（浙江工商大学教授　郭鲁芳）

05 秀色美景　药膳养生

——宁波香泉湾山庄

　　山有百态、水有千姿，无论是身处其中，还是回味当时，暮然中留下的是旖旎秀色的永驻，还有涤荡心灵后的缱绻。

　　宁波香泉湾山庄有限公司坐落于浙江省余姚市四明山内鹿亭乡，总面积1.5平方公里，徜徉于青山绿水，空气清新的四明山怀抱，负氧离子高达2000。山庄距离宁波市区40公里，距离余姚市区30公里，是一家集旅游观光、休闲养生、餐饮、住宿、娱乐于一体的综合型度假基地。该山庄由宁波

舜韵电子有限公司与浙江韵芝堂生物科技有限公司投资共同建造，迄今为止，已经建成99间套各类客房，175个床位，6个会议室。香泉湾山庄自2015年5月9日正式营业以来，好评如潮，受到社会各界的青睐，目前已经被列为余姚市旅游推荐饭店、职工（劳模）疗休养基地，北京星宇华夏国际影视公司、宁波名邦文化影视传媒有限公司、余姚飞天影视制作有限公司拍摄基地，现正在积极申报中医养生基地和全国休闲农业和乡村旅游的四星级企业。

资源特色鲜明

香泉湾山庄位于神奇的北纬30°，这里生长着药用、养生价值极高的野生铁皮石斛。为了有效保护野生铁皮石斛的种质资源，山庄联合浙江大学对其进行了精心培育。游客在此不仅可以观赏到铁皮石斛培育、种植、采摘、加工等整个过程，还可购买到品质优良的铁皮石斛保健产品。时任浙江省委常委、宁波市市委书记刘琦曾到香泉湾考察铁皮石斛组培实验室及铁皮石斛仿野生种植区，给予了

高度评价。

开发特色菜肴

除铁皮石斛外,香泉湾山庄还生长着金线莲、金婵花、牛奶树、黄精、肉桂、浙贝等众多中药

材。为了更好地满足游客需求,山庄特邀营养协会的专家,将这些珍贵的中药材与当地的绿色有机食材,如竹笋、土豆、番薯、山鸡、老鸭、水库鱼、溪水鱼、山猪、笨鸡蛋等配伍,研发出了土灶石锅鱼等10余道特色养生菜。

修建旅游景点

香泉湾山庄由原东海舰队的一处基地改造而成,景区内有山洞、石屋、瀑布、溪水、古桥、环山游步道等,可供游客参与的活动有野外攀爬、登山竞赛、拓展训练、篝火晚会等。这里环境幽静深邃,游客至此仿佛置身于世外桃源。此外,山庄周边还有白鹿观景台、云河漂流、四明山国家森林公园、丹山赤水、四窗岩、白水冲、第九洞天等众多旅游景区。

注重营销

为了进一步加大对乡村休闲旅游项目的宣传推荐力度,香泉湾山庄不仅编印了各式宣传册,还不断强化与新闻媒体、互联网的合作,与此同时,山庄还举办了国际旅游小姐金色使者中国区总决赛,并邀请影视公司前来拍摄取景,更有知

名影星前来参与拍摄演出,吸引了大量的游客慕名而来,极大地提升了山庄的知名度和影响力。

打造浙江知名的养生度假山庄

香泉湾山庄的开发,积极参与了农村经济结构调整,大力开发了乡村休闲农业旅游市场,即为公司带来了较好的经济收益,同时也改变了村容村貌,使当地山林农业增效,提高了农民整体收入。作为内鹿亭乡当地首家旅游综合性企业,山庄通过示范引导,调动了农民的工作积极性,大大提高了农民的生活质量。在未来一段时期,山庄将全力使"香泉湾"这个品牌向新农村、新旅游、新体验、新风尚的现代旅游养生度假区迈进,为游客提供一个更加舒适的生态休闲养生场所,更快地促进鹿亭乡的农业产业化进程和生态休闲旅游业的发展,使香泉湾真正成为宁波乃至浙江省知名的养生度假山庄。

旅游信息

地址: 余姚市鹿亭香泉湾路1号

电话: 0574-62300999 传真: 0574-62300899

住宿: 香泉湾山庄。

交通:

上海:至虹桥火车站乘坐G7505次列车到余姚下,转乘汽车至香泉湾山庄。

南京:南京南站乘坐G165次列车到余姚下,转乘汽车至香泉湾山庄。

杭州:杭州东站乘坐G1418/G1415次列车到余姚北站下,转乘汽车到香泉湾山庄。

二维码:

专家点评

当今社会经济飞速发展，现代人的物质生活水平达到了前所未有的高度，而人们的健康状况却在不断下降，亚健康人数在持续增多。据世界卫生组织全球性调查显示，75%的人群呈亚健康状态、疾病人群占20%、健康人群占5%。健康已是全球最关注的问题。在这种形势下，养生休闲成为热点和潮流。香泉湾山庄根据时下养生休闲旅游诉求的多样性，开发出了多元化的养生产品，其中既有负氧离子高达2000的居住养生、以铁皮石斛为主题的医疗养生、珍贵中药材与绿色有机食材配伍的美食养生，也有如野外攀爬、登山竞赛、拓展训练这样的运动养生，占得了宁波当地养生旅游的先机。

（浙江旅游职业学院教授　任鸣）

06 医药养人　文化养心
——温州叶同仁中医药博物馆

历经数千年的沉淀与积累，中医药文化历久弥新。若于浩瀚的中医药历史长河中只取温州一瓢饮，细细品味，亦回甘无穷。在温州市区安澜亭，沿瓯江路向东约七八百米，可见沿江绿色长廊中有一古色古香的建筑，这就是2012年5月落成开放的叶同仁中医药博物馆。

"叶同仁中医药博物馆"位于温州市鹿城区瓯江路江滨公园内,创建于2012年,总占地面积1000余平方米,建筑面积约400平方米,展厅面积约300平方米,是一家小而精的公益性博物馆。本馆分总体布局、庭院景观、室内展示三大部分。总体布局包括温州中医药事业演变史、中药企业管理史、历代医药名人名著史、浙南民间单方验方、浙南中草药标本、中药加工炮制。庭院景观包括百草花卉园地(园内种植有100多种中草药)及气功、五禽戏、八段锦、太极拳等健身场地和图片展览。室内部分包括药茶、药酒、药膳、药粥等养生文化及叶心培家族的诗赋文化欣赏。

博物馆自成立以来,先后获得鹿城区社科普及示范基地、鹿城区第一批民办博物馆、鹿城区文化建设示范点、温州市科普教育基地、浙江省科普教育基地等荣誉称号。

悠久的温州中医文化

温州中医文化源远流长。三国时期就对菊花等植物的药用功效进行记述。南宋时期,"永嘉医派"带头人陈无择对后世医学影响甚大。温州中药材丰富,最有名的是在国内享有盛誉的"浙八味"。叶同仁始创于清康熙九年(1670年),距今已有340余年历史,是温州为数不多的百年老字号,也是浙南地区最具文化底蕴的名老药店。它不仅是温州医药界的老字号,也是温州历史品牌传承的重要组成部分。叶同仁中医药博物馆位于市区瓯江路,以温州中医药历史发展为主线,

以百年老字号温州"叶同仁"始创、重生、发展历程为主要脉络，以传续中华老字号和保护非物质文化遗产为主旨，以文献、实物与体验相结合的方式生动地重现温州地域文化中的一方特色历史。"同天德生寿，仁义源流长"。叶同仁中医药博物馆正门屏风上挂着的这副楹联，以藏头联的方式道出了"叶同仁"传承历时300余年的缘由，更道出了中医药文化传承数千年却历久弥新的密钥所在——仁义。

温州中医药文化起步于东晋咸和、咸康至建元年间（326—344年），传承至今，已历经近1700年的风雨，名医荟萃。三国时期的朱孺子、南宋时期的陈无择、近代时期的陈虬……代代名医用先进的医理和精湛的医术创造了无数个瓯越中医药文化的"中国之最"，亦为瓯越后人留下了宝贵的精神财富。从各自行医到办学教医，从密不外传到公开教学，温州人的"胆大妄为"越过了雷池，在扩大医学流传范围的同时，也扩大了医者仁心的流传范围。这其中的每一件大事都被博物馆中医文化介绍部分一一罗列。

中医药养生文化的当代传承

博物馆自成立以来，每年开馆300天，免费接待参观人数超过3万人，接待各种社团20余个，夏日还为市民提供免费伏茶。博物馆累计组织了专家健康讲座39期，聘请全国知名专家，从"疾病预防、营养搭配、合理运行、心理疏导、慢性病防治、24节气养生、糖尿病专场、亚健康调整、冬令滋补、亲近自然、茶文化"等多方面向大众传播健康知识，受

众数千人。博物馆举办温州"博友会",免费赠送叶同仁医药系列丛书《常见中药诗画精粹》、《叶同仁丸散膏丹释解》、《叶同仁食疗本草经》;赠送叶同仁先人诗集《倚霞阁遗稿》、《瓯游草》、《东汀小稿》等书籍。同时还开展青少年科普知识讲座,如,药物识别、功效作用、医林人物、常见病预防等。在温州卫校设立叶同仁奖学金,奖励那些勤奋好学的学子。同时本馆还有医生长年免费为市民提供的义诊服务,每年受众群体超过3000人。博物馆每年联合叶同仁总部免费发放端午"同仁粽"、"香囊";每年腊八节还赠送数千份"同仁腊八粥";举办公益进社区活动,已经成功举办活动50多场,几乎惠及温州的所有街区,活动内容包括免费测血压、血糖;免费义诊、免费分发时令性药品等。博物馆联合叶同仁总部组建了"叶同仁公益骑行队",先后举办"公益骑行进泽雅"、"公益骑行进东皋"、"公益骑行进棣头"、"公益骑行进东岙"等系列公益骑行送医送药下乡活动及"养生之旅玉苍行"、"养生之旅山东行"、"养生之旅氡泉行"、"养生之旅洞背行"、"养生之旅丽水行"等养生旅游活动,为当地的老百姓免费送医送药,受到广大公众的交口称赞。

建设面向世界、面向未来的中医养生示范基地

博物馆是人类收藏历史记忆凭证和熔铸新文化的殿堂,担负着保护、研究和展示人类及人类环境遗存,推动人类文明发展的重要职能。进入21世纪以来,党和政府从实现科学发展和促进人类全面发展的战略高度,大力推动社会主义先进文化建设。我们叶同仁中医药博物馆作为公共文化服务体系的重要组成部分,得到了前所未有的关注和支持。特别是博物馆实施免费开放,加强管理,改善服务,更加贴近实际、贴近生活、贴近群众,受到了全社会的广泛欢迎,对实现文化遗产保护成果惠及民生,丰富公众文化生活发挥了积极作用,为促进经济社会发展作出了积极的贡献。

但是,叶同仁中医药博物馆的专业化品质、社会服务能力、管理水平与时代赋予博物馆的使命尚有不小的距离,体系结构需要优化,品类和区域发展不平衡；藏品保护基础工作仍较薄弱，研究能力、科技支撑和专业队伍建设亟待加强；陈列展览和社会服务整体水平有待提高，博物馆教育尚未能制度化地纳入国民教育体系；博物馆体制机制不完善，运行活力不足。"十三五"期间，博物馆将主动适应我国经济社会和文化发展的需要，进一步明确博物馆事业的方向和目标，以提高质量为核心，加快发展步伐，加强改革创新，激发可持续发展的活力，推动博物馆事业在新的历史起点上科学发展，致力于传承瓯越中医药文明，传播科学知识，促进经济社会发展，提高人民生活品质，为中华民族伟大复兴和人类文明进步作出更大贡献。

旅游信息

地址： 温州鹿城区瓯江路望江公园内温州叶同仁中医药博物馆

电话： 0577-89861066

交通： 距机场35公里、火车站10公里、动车站15公里、汽车站5公里。

附近酒店： 香格里拉大酒店、万和豪升大酒店、半岛环城商务酒店等。

附近景区： 江心屿距离1500米。

专家点评

去过"叶同仁"中医药博物馆的人一定都会感慨万分。这不仅是浙江省"首家民办中医药博物馆"，更是首家由民营企业自主筹建的公益性中医药博物馆。馆内收藏了不少中医药文物，也展示了最传统的中医"望闻问切"之道，还有中医特色精髓——食疗养生、针灸演示等。即使是在区域经济相对发达的浙江，一家民间博物馆的发展也面临着场地、资金等众多的困难，但叶同仁却以博物馆为载体，走出了一条中医药老年养生旅游"大健康"新路。

深度融入"叶同仁"大健康产业布局，是博物馆得以切入养生旅游的第一支点。叶同仁的核心竞争力就是"品牌+产品+服务"。大健康产业的发展是以大文化为支撑，文化是企业的灵魂，又是企业进步的动力。叶同仁具有300多年的历史文化底蕴和非物质文化遗产，是博大的、是深邃的、是厚重的、是深远的。作为一家中医药企业，叶同仁的社会价值、社会责任在叶同仁中医药博物馆得以最大化实现，从而为养生旅游的发展提供了不竭的动力。

医旅协作是叶同仁博物馆体现价值的环境基础。在各项政策的支持下，以中医药为特色的医疗旅游将中医药文化融合在医疗旅游产业中，将中医药特色项目应用于医疗旅游，可极大地丰富中国医疗旅游的内涵，成为中国医疗旅游的增长点。营造中医药文化养生氛围，既可为中医药走向国际化提供内在动力，也可为中医药文化的传播提供载体。而中医药医疗旅游的兴起与发展又可促进中医药事业的不断发展，形成相互促进、相互支撑的良性循环。

下一个阶段，叶同仁中医药博物馆要做好两篇文章。一是培养各个层次的中医药健康旅游人才，建立一支专业的队伍，补充市场需求的不足，引领中医药健康旅游科学有序发展。二是探索新商业模式，丰富服务产品类型，提高产品质量，树立品牌意识，积极培育自己的中医药旅游品牌，同时树立可持续的发展观，加强环保意识。

（浙江旅游职业学院副院长、教授　王忠林）

浙江省养生旅游范例

07 中华仙草　行业领跑

——乐清雁荡山铁枫堂

众所周知，铁皮石斛是我国传统名贵中药材，被誉为"中华九大仙草"之首，《本草纲目》、《神农本草经》等历代中药典籍均有记载，被誉为"滋阴圣药"和"药中黄金"，生长在世界地质公园和国家AAAAA级景区雁荡山麓，铁枫堂的铁皮石斛则是其中的领导品牌。诺贝尔文学奖获得者莫言来到雁荡山时即兴题诗："雁荡药工巧如神，飞涯走壁踏青云，采得长生不老草，献给天下多情人。"成为雁荡山铁皮石斛的最好代言。

天下石斛，铁枫为尊

雁荡山自古盛产有"九大仙草之首"美誉的珍贵植物——铁皮石斛。有"海上名山"美誉的雁荡山气候温和，独特的火山岩地质结构及濒临东海而形成的亚热带海洋性季风气候冬暖夏凉、降雨充沛，自古以来是铁皮石斛生长、繁殖的胜地，其生长的铁皮石斛具有相对超高的多糖和丰富的矿物质。

铁枫堂坐落在拥有"中国铁皮石斛之乡"、"中国铁皮枫斗加工之乡"、"浙江省铁皮石斛生产基地"的温州雁荡山仙溪镇。铁枫堂以其先进的发展理念、强大的科研团队和庞大的生产基地，在铁皮枫斗的生产、研发和营销过程中，先后获得"国家铁皮石斛重点研究院"、"浙江省消费者信得过单位"、"乐清市铁皮石斛执行会长单位"、"温州市院士专家工作站"和"乐清市名牌商标"等众多荣誉。2015年底被列为浙江省中医药文化养生旅游示范基地。

百年传承，品质至尊

据史籍记载，铁枫堂的中华医药养生文化发端于清道光年间，至今已有170多年的历史。在浓厚的历史医药积淀中，在5代人坚持不懈、年复一年地潜心开拓后，铁枫堂品牌逐渐兴盛，取得了跨越百年的发展成就。

铁枫牌第一代创始人宋康池于道光年间开设中草药铺，常年提供雁荡山附近的中草药，铁枫堂的故事便从那时拉开了序幕。第二代传人宋万连随父经营中草药铺，靠经营铁皮枫斗而闻名四方。宋万连的药店也随之改名为"铁枫堂"。又因所售铁皮石斛品质极佳，蒋叔南为宋万连题词"铁枫堂"和"天下第一草"；康有为亲临雁荡山为"铁枫堂"题词"中医世家"，"铁枫石斛"由此成名。之后，现铁枫堂负责人宋仙水的祖父和父亲又继承和发扬铁枫堂事业，一路革故鼎新。发展到宋仙水时,"铁枫堂"已成绩斐然。1990年,现任董事长宋仙水开始从事铁皮石斛等药材的采集、制作加工和销售生意。他将现代科技与祖传栽培技艺相结合,创新了铁皮石斛传统栽培方法和铁皮枫斗制作加工技艺,构筑了集中医药文化传承、优良品种选育、仿野生有机栽培、古代养生秘方攻关、中医药临床应用于一体的独特、完整的中医药产业链,得到了国家、省市各级政府和专家学者的高度赞誉,优质产品蜚声海内外。

科学种植,制艺先进

铁枫堂携手浙江省农科院院长、中国工程院院士陈剑平,于2012年12月合作建立了中国石斛行业首个院士专家工作站,并与浙江省农科院、浙江农林大学等高校和科研单位进行长期的技术合作,对铁皮石斛名贵濒危中药材进行品种分析和鉴定、组织培养、储藏保鲜、仿野生种植、有机栽培等项目进行研究开发,使铁皮石斛栽培和枫斗制作技艺荣获国家多项实用新型专利证书。

铁枫牌铁皮石斛种植基地——浙江铁枫堂科技股份有限公司,拥有基地100公顷,大棚基地33公顷。仿野生林下原生态基地66.7公顷,坐落在雁荡山灵峰景区内,是雁荡山规模最大的仿野生种植基地。与此同时,还于2013年1月建设了我国首家"国家中医药管理局铁皮石斛重点研究室",相关科研项目被先后列为"国家星火科技计划项目"、"中央财政林业科技推广示范项目"、"浙江省农业科技成果转化项目"等,被中国医药物资协会评为"AAA级企业信用等级"。

有机认证，天然纯正

作为乐清市铁皮石斛产业协会执行会长单位，铁枫堂在乐清可谓家喻户晓。先后获得国家中医药管理局授予的"铁皮石斛品种选育与生态栽培重点研究室"、"浙江省农业科技企业"、"浙江省消费者信得过单位"、"温州市铁皮石斛精品园"、"乐清市优秀农业龙头企业"等众多殊荣。铁枫是铁皮石斛的领导品牌，品质值得信赖。

为保持铁皮石斛的原生状态，铁枫牌铁皮石斛种植基地，遵照国家有机产品生产标准，铁皮石斛的种植完全采用无公害栽培和有机栽培技术，严格把控每一道工序，在培育生产过程中完全不施用任何人工合成的农药和化肥，从源头上保证了铁皮石斛的天然纯正、品质至尊，荣获国家有机产品认证。

为了让杭城及全省甚至全国的老百姓都能买到既正宗又实惠的雁荡山铁皮枫斗，铁枫牌铁皮枫斗选择了基地直供的方式，省去了中间层层批发和代理等环节，让雁荡山铁皮枫斗从种植基地直达消费者，让正宗地道、质优价廉的雁荡山铁皮枫斗真正步入寻常百姓家。首次亮相即奉上铁皮石斛史上最低价，誓将优惠进行到底，做到全国超值价！致力打造超高性价比的原产地贵细滋补类产品领导品牌！因此，铁枫的所有产品可称得上全国极具性价比，让消费者得到真正的实惠，最低5.8元/克起，还有铁皮石斛盆栽可以送！保证浙江消费者吃得起、经常吃、放心吃。

比肩两广，更胜一筹

据《草本从新》记载，石斛："味甘者良，温州最上、广西略次、广东最下。"那么，正宗的雁荡铁皮枫斗长什么样？营养为何如此高？雁荡山的铁皮石斛一般生长得短小而精壮，颜色也多为铁青色和紫红色，所以制成铁皮枫斗时，

颗粒相对较小,颜色也为铁青色,故称"铁皮",但这也让铁皮石斛集聚了更多的营养和精华于体内,富含超高的石斛多糖和丰富的矿物质。

铁枫牌铁皮枫斗经过严格的加工工艺,包括鲜石斛去叶去根、整理选条、低温烘培、卷曲加箍、干燥成型,然后按规格分档,雁荡山铁枫牌特级铁皮枫斗更是精品中的上品,是正宗雁荡山铁皮枫斗的代表,不仅纹理细腻,体态均匀,而且营养更集中,含量更高。雁荡铁皮枫斗的加工工艺更是被授予"温州市非物质文化遗产"的殊荣!

那么如何鉴别正宗铁枫牌铁皮枫斗和一般的铁皮枫斗?请认准这三项基本特征:从外观看,色泽为暗黄绿色或铁绿色,纹理细腻,可以看到明显的金丝圈,个体大小均匀;从气味上,可以闻到淡淡的铁皮特有的青草香味;从口感上,有青草味,略甘甜、清淡、无残渣、胶质厚、黏度高。

旅游信息

名称: 浙江铁枫堂科技股份有限公司

地址: 浙江温州乐清仙溪北垟村铁皮石斛精品园

电话: 13506675358

网站: http://www.tftjt.com

住宿: 香喷喷大酒店、醉仙楼、香满楼大酒店、雁荡山山庄、银鹰山庄、芙蓉宾馆及雁南左舍、云台贰号、客堂间等精品名宿。

交通: 距杭州297公里,距温州68公里,距温州机场80公里,距动车站6公里,距汽车站1公里,距高速公路出入口1.2公里。

专家点评

我国中医药文化源远流长、底蕴深厚。被医家们誉为"九大仙草"之一的铁皮石斛，在浙江、云南、广东、广西等南方地区都有大量分布，但由于野生铁皮产量有限，价格不菲，致使这种"滋阴圣药"一直很难进入普通百姓的养生生活。自改革开放特别是新世纪以来，随着社会经济和现代生物科技的发展，普通百姓的养生意识和能力不断提升，通过科学的人工栽培，铁皮石斛的产量也大大增加，价格也随之下降，再加上各种媒体的广泛推介，使这种原来只有少数人吃得起的仙药进入了普通百姓家庭。雁荡山铁枫堂的铁枫精品就是在这一进程中应运而生。

铁枫堂之所以能从昔日的药铺发展成为现代生物科技有限公司，所产铁皮的产量和质量都达到了全国领先水平，究其成功原因主要表现在三个方面：一是得天独厚的自然环境，雁荡山独特的火山流纹岩地貌、温带海洋性气候和森林密布的生态环境，都非常适宜铁皮石斛的生长与人工栽培；二是雁荡山出产铁皮有悠久的历史文化传统，宋氏家族5代人坚持不懈、孜孜以求，使铁枫堂品牌传承了百年之久；三是注入现代生物科技的创新元素，使古老的仙药焕发出前所未有的生命活力。这不得不归功于铁枫堂的第5代传承人宋仙水的智慧和努力。在铁枫堂被列为浙江省中医药文化养生旅游示范基地后，董事长宋水仙说："此次获评后，铁枫堂将环绕铁皮石斛组培苗出产、大棚种植、林下原生态种植、石斛枫斗GMP加工、质量检测、铁皮石斛中药养生基地游览、全财富链出产观光及养出产物选购上做特色文章，进一步做好中医药养生基地的特色挖掘和文化展示，以及科学普及、产物采购和药膳美食等事业。铁枫堂各大基地将开发成为集旅游、科普、养生、保健于一体的中医药养生文化养生旅游目的地。"可以预见，位于雁荡山灵峰景区的仿野生栽培基地，古道两旁的树上，种着一圈圈绿油油的铁皮石斛，也将成为景区中一道瑰丽的风光。

（浙江旅游职业学院教授　汪亚明）

上编　中医药文化养生旅游示范基地

08 温润如玉　幸福泉涌
——泰顺县玉龙山氡泉度假村

业界有一句俗语"天下温泉何其多，个中最好是氡泉，"那么何为氡泉？到底"氡"有着怎样的神奇之处让人们公认其为"液体黄金"呢？研究表明，氡泉在众多矿泉中保健效果最佳，当其关键成分"氡气"进入人体神经组织和皮肤

后，对人体组织和皮肤的新陈代谢具有促进作用。氡泉一能抗衰老、二可去斑、三能减肥，其保健疗效是任何人工合成药物都无法替代的。

泰顺氡泉是国内罕见的高热含氡自涌温泉，其泉水流经地层5000米深处，经38万年的渗透循环，再从火热溪泉眼喷出而形成，水温常年维持在62℃~68℃，富含40多种对人体有益的微量元素，尤其是含氡射量高达15埃曼/升，是名副其实的"神泉"。不少游客会惊奇地发现泡过泰顺氡泉之后，皮肤就像打了一层蜡，如上釉般光滑细嫩。

"液体黄金"营造养生胜地

玉龙山氡泉度假村位于浙江省泰顺县承天氡泉景区，素有"天下第一氡"之

称。玉龙山氡泉度假村是温州市可持续发展重点项目，泰顺县重点工程项目总占地面积20余公顷。规划有温泉度假中心、高级商务会所、生态旅游观光农场、运动健身区、高级温泉疗养区五大功能区。2011年开业，首期开发项目有：中式古典温泉度假中心、养生氡泉泡浴区、温泉别墅、农家风味餐厅、露天茶吧、保健理疗等，其中以温泉养生泡浴作为目前主导产品，园内设有氡泉原汤泡浴区、品茗轩吧品茶汤泡浴区、中医药保健理疗泡浴区、御品阁酒坊泡浴区、温泉"亲亲鱼"、温泉SPA水疗浴、温泉石板浴、瀑布池和景观池等。玉龙山氡泉突破传统地面温泉泡浴理念，将40多个不同主题的汤池构建在半山怀抱之中，矗立于悬崖峭壁之上，沉浸氡泉池中，望眼峡谷，小桥、瀑布、劲松、白雾霭霭……

玉龙山氡泉度假村2011年开业以来，经营效益良好，年营业收入达到4000万元，年接待量15万人次，带动整个泰顺旅游产业高速发展。2000年，氡泉水被国土资源部命名为浴用医疗矿泉水，2011年荣获同程网验客大赛最佳体验酒店，2012年荣获华东地区游客最喜欢的十大旅游温泉之一，2013年"氡泉"牌商标被认定为第十六届温州市知名商标，2013年"氡泉健康养生服务"被认定为温州名牌产品，2014年荣获浙江省中医药养生旅游示范基地，同时，2014年荣获泰顺县县长质量奖，连续4年获得泰顺县诚信民营企业，2015年泰顺县氡泉第二届重阳旅游节暨玉龙山氡泉首届"九九养生福宴"，10月21日在玉龙山氡泉度假村隆重开幕，度假村针对九九重阳节老年人推出养生福宴，得到广大游客的高度赞扬。

打造多元协调的养生旅游环境

玉龙山氡泉度假村自2011年营业以来，重视经营管理，邀请知名品牌温泉经营管理公司参与整个度假村经营管理，注重品牌建设、产品建设及市场推广和客户满意度，经营期间，获得了诸多荣誉及客户好评，并取得了市场知名度，为泰顺旅游增添了一道美丽的风景线。

玉龙山氡泉度假村管理团队有着丰富的温泉旅游经营管理经验，以秉承客户满意为宗旨，不断创新和推出新的产品供客户选择与体验。度假村经营以露天

温泉泡浴为主，附带酒店客房及餐饮和其他娱乐设施，打造温州地区集旅游、养生、休闲、度假、会务于一体的度假胜地。玉龙山氡泉度假村的农家风味餐厅，以泰顺本地农家菜、山珍野味、养生药膳为主，让广大游客品尝特色的泰顺菜肴。餐厅拥有容纳300人的多功能宴会厅及特色包厢十余种。在这里可以尽情享受沐浴温泉后的美食。

营造温馨、细致的高标准养生服务

玉龙山氡泉度假村突出氡泉水特色理疗效果，不同于其他硫黄温泉等。氡水温泉是一种保健神泉，对高血压、冠心病、闭塞性动脉内膜炎、心肌炎、慢性关节炎、周围神经炎、脊髓神经根炎、坐骨神经痛及各种麻痹、痛风、糖尿病、牛皮癣、慢性湿疹、神经性皮炎、过敏性皮炎等有一定的疗效，是任何人工合成药

物所无法替代的。玉龙山氡泉度假村的氡泉雅居里有6种不同房型供游客选择，张显特色客房服务，将稀有氡泉水直接引入客房淋浴区，游客不去露天温泉就可以直接在客房里享受私家的露天泡汤，半露天式的风格，白天透过阳台感受峡谷云雾缭绕，呼吸大自然的空气，夜间抬头数着星星享受温泉疗养！主导产品露天温泉作为玉龙山氡泉度假村的主营项目，年接待量近15万人次，年营业额达到2500万元。经营管理方面我们玉龙山氡泉度假村倡导温泉旅游特色服务理念，结合温泉三项礼仪服务、温泉"十个一"特色旅游服务等，为客人提供温泉一对一服务流程，并针对每个温泉池进行特色包装，对疗养功效进行解说，池名、夏冬"季节温泉"进行标明，以及泡温泉"九步六法"和"温泉沐浴须知"进行循环播报。

建设华东地区首屈一指的温泉养生度假区

未来三年，玉龙山氡泉度假村将继续秉承以客户满意度为最高宗旨，提升知名度、美誉度和开发新的旅游产品。

一是重点打造养生新概念，在维护好现有产品的同时，开发新的温泉旅游项目和养生疗养旅游配套项目，如，增加个性化养生产品、引入中医技术、针对疗养客户定期检查和治疗；增加户外拓展设施设备，引进专业户外拓展培训教练进行指导，吸引客户进行专项体能训练，做到预防措施和增加疗养的配套功能，开发中少年市场、学生市场及会务市场和夏令营客源。

二是新增度假养生主题客房，引入纯正氡泉水，让更多游客可以在客房内体验氡泉，并能够感受峡谷的自然风光和享受大自然气息。

三是重点打造夏季避暑项目，利用独一无二的地理位置和环境，策划完美的旅游线路和增加配套设备重点向省内推广，开发动车、高铁旅游线路，客源以中老年人、疗养团队为主。

四是重点开发线上旅游产品推广，以自由行套餐为主，加大网络平台销售力度和微信、微店等多功能销售渠道开发，方便更多游客了解和预订产品。

旅游信息

地址： 浙江省温州市泰顺县雅阳镇承天氡泉景区玉龙山氡泉度假村

联系方式： 0577—59286666（总机），0577—59288911 59288922（营销部）

网址： www.wzdongquan.com

自驾路线：

上海出发： 市区—沪杭高速—杭州湾跨海大桥高速—宁波绕城高速—甬台温高速—分水关出口—分水关/泰顺线—住雅阳方向—到达玉龙山氡泉景区。

杭州出发： 杭州绕城东线—杭甬高速—上三高速—甬台温高速—分水关出口—分水关/泰顺线—住雅阳方向—到达玉龙山氡泉景区。

宁波出发： 城市连接线—杭甬高速公路—甬台温高速—分水关出口—分水关/泰顺线—住雅阳方向—到达玉龙山氡泉景区。

金华出发： 杭金线—金华/兰溪线—杭金衢高速—金华东/枢纽出入口走金丽温高速—南白象出入口转走甬台温高速—分水关出口—分水关/泰顺线—住雅阳方向—到达玉龙山氡泉景区。

从福州出发： 市区—罗长高速—罗宁高速—同三高速—甬台温高速—分水关出口下—分水关/泰顺线—住雅阳方向—到达玉龙山氡泉景区。

市内交通：

温州牛山北路客运中心坐温州/泰顺的长途班车，到上仁洋后转雅阳镇转乘乡村小巴或租三轮摩托走10公里即到。

温州牛山北路客运中心坐温州/雅中的长途班车，后转乘乡村小巴或租三轮摩托走10公里即到。

二维码：

专家点评

泰顺生态环境优越，资源特色突出，民俗文化积淀深厚，民间中药材丰富，氡泉水神奇独特，具有较好发展中医药文化养生旅游的基础。然而泰顺基于氡泉资源开展的养生旅游业集中存在一些突出问题：一是配套设施不足。温泉旅游作为定位于中高收入阶层的旅游形式，对于交通、餐饮、住宿等有着较高的要求。二是主题不够突出。目前浙江各地温泉开化，泰顺氡泉的比较优势除生化指标外，如何打造更有影响力的主题，也是亟待解决的问题。

玉龙山氡泉度假村作为旅游企业，无论在管理、运营、服务等方面都体现出了较高的水平。下一阶段，泰顺氡泉养生旅游的发展，更多取决于政府主导下的产业融合和全产业链协作。一是要树立"绿水青山就是金山银山"观念，充分发挥泰顺生态优势，做好生态这篇文章，将生态优势转化为旅游经济优势；二是要牢固树立文化主题，做好温泉、文化、中医药等多产业融合。要挖掘文化遗产，整理文化碎片，梳理泰顺本地特色中药材，展示氡泉水功效，将其与旅游结合起来，打造特色旅游产品。三是要全面完善硬件配套，提升旅游品质；要加强环境舒适度、环境浪漫度的打造，提高旅游品位。四是做好资源、产品整合和包装营销；泰顺氡泉不具备区位优势，尤其要做好整合营销。要在事件营销、新媒体营销方面营造声势，产生爆点，在华东区域稳定制造影响力。要继续引进品牌公司、先进理念企业，做大块头产品，引导现有旅游企业升级。

（浙江旅游职业学院副院长、教授　徐云松）

09 游居业合一　健康可持续

——嘉善云澜湾温泉度假小镇

有的似水波涟漪、有的似曲水流觞、有的似林中镜泊，建筑、水面、路网互为依托，水面的几何形态因溪流、温泉池岸线的变化而显现出闹与静、欢快与舒缓、流畅与凝滞。

云澜湾温泉度假小镇，位于嘉善大云13平方公里省级旅游度假区内，占地面积66.7公顷，以温泉度假旅游为主导，兼顾康体养生、运动休闲、亲子游憩、商务会议、婚庆体验、生态人居等功能，通过打造艺术温泉中心、云澜古镇、泓庐SPA精品酒店、樱花风情商业街、一站式蜜月基地、亲子主题公园、养生社区等十大景点，"吃、住、行、游、购、娱"无一不有，"商、养、学、闲、情、奇"样样皆备，是一个"游居业合一、健康可持续"的旅游养生型特色小镇。自2013年陆续对外开放以来，吸引了众多海内外游客前来度假养生，景区年接待游

上编　中医药文化养生旅游示范基地

客量已突破50万人次，吸引了众多国内外主要领导人、知名人士来云澜湾温泉度假小镇视察观光，游客满意率超过98%。项目自面世以来，获得社会各界的广泛关注与青睐，先后荣膺"达沃斯2011'亚洲地产绿色人居环境奖'"、"2012华东温泉最具潜力奖"、"2013中国首届金汤奖最具新锐奖"、"第三届华东游客最愉悦旅游温泉奖"、"2015年游客最信任华东旅游温泉奖"等大奖，已然成为杭嘉湖平原乃至整个长三角地区温泉旅游度假的标杆项目。

核心资源优良

云澜湾温泉是浙江省内持有"地热采矿许可证"的8家真温泉之一，是杭嘉湖平原地区第一口真温泉。它储存于距今5亿~4亿年的奥陶系砂岩中，属于国内罕见的天然（医疗型）偏硅酸·锂温泉，经过国家权威机构检测认证，富含几十

种有益于人体的矿物质微量元素；其中，偏硅酸和锂的含量远超医疗矿泉水标准，具有医疗、保健、美容的功效，是最天然的"神经镇痛剂"和"美容汤"。

重视产业整合

景区以优越的生态养生资源为核心，整合养生养老、体检理疗、医疗健康、美容抗衰老等抗龄健康产业，建设打造"省级中医药养生旅游示范基地"。基地以回归自然、养生乐活为诉求，倡导八大养生乐活理念：自然环境养生、膳食调理养生、中西医疗养生、运动保健养生、身心疗愈养生、艺术文创养生、上善文化养生、生活价值再造。

重视人才培养

景区注重引进旅游开发建设、经营管理和中医药养生管理方面的人才，主要包括工程建设、市场营销、导游、财务、中医药等专业人才，以及温泉中心和酒店等接待设施的高级管理人员。

50%以上中高级管理人员具备大专以上文化程度；不断加强员工岗前和在岗培训力度，全面实施岗位培训，包括服务和技能两方面，全面推行资格认证和持证上岗制度。上岗人员培训合格率达100%。

打造长三角温泉休闲度假名胜地

以"游居业合一"的创新构建模式结合新型城镇化发展的探索，以温泉养生产业链为核心，对存量资产进行多元化可持续利用，平衡产业发展、资源保护与健康可持续生活方式之间的关系，成为中国新型城镇化发展的实践范本和先驱标杆。云澜湾温泉（度假）小镇以温泉养生旅游为主题，不仅拥有独立、完善的旅游度假内容，更与周边旅游项目呼应互动，组合成不同游程、不同主题的精品旅游线路，旨在打造成为长三角知名、距上海最近的温泉休闲度假名胜，并成为继西塘之后嘉善下一个新的三产服务业龙头增长点。

旅游信息

地址： 浙江省嘉善县温泉大道888号

联系方式： 0573-84661288　　0573-84662888

交通：

（1）自驾路线：

上海方向：S32 申嘉湖高速—G60沪杭高速—嘉善大云高速路口下，直接左转平黎公路—大云立交桥，约900米—下桥左转曹家村方向—沿道路两边云澜湾的指示牌一直往前开约3公里即可到达。

杭州方向：G60沪杭高速—嘉善大云高速路口下—左转进入曹家村方向—沿道路两边云澜湾的指示牌一直往前开约3公里即可到达。

（2）公共交通路线：

嘉善火车站K211路（5:50~17:40），到达终点站大云汽车站，转公交303路（6:00~18:00）途经云澜湾温泉度假小镇。

专家点评

随着国民经济的发展和人民生活水平的不断提高，闲暇时间的增多，带薪假期的逐渐实行，旅游条件的改善，人们的旅游热情将进一步焕发，并且对旅游的需求逐步向追求休闲方向发展。旅游业要扩大产业面、延伸产业链、形成产业群，即在一定旅游区域内形成以"吃、住、行、游、购、娱"为核心的旅游综合服务供应链。云澜湾温泉度假小镇迎合了这一发展趋势，形成了一个以温泉度假旅游为主导，兼顾康体养生、运动休闲、亲子游憩、商务会议、婚庆体验、生态人居等功能的旅游综合体，除"吃、住、行、游、购、娱"无一不有外，"商、养、学、闲、情、奇"也样样皆备。这种开发模式，对于我国旅游未来的发展无疑具有很好的典范作用。

（浙江旅游职业学院教授　刘建明）

浙江省养生旅游范例

10 以德为先　与时俱进

——湖州德泰恒大药房

以健康养生为目的，引领大众健康文化新生活；以中医治病理论为本，传播公益慈善正能量；以连锁店为产业发展之组织架构，形成覆盖休闲、医药、养生、文化、养老等全产业链生态系统；构建随时随地的信息、无处不在的服务、简单自然的生活、充实丰富的人生，这就是湖州德泰恒与每一位游客朋友共享的愿景。

湖州是一座典型的江南水乡古城。"苍山北峙、群山西迤、双溪夹流、泓亭皎澈、山水映发、冲和修集"，简洁形象地概括了其自然山水特色。湖州不仅有

秀美的自然景观，也拥有底蕴深厚的中医药文化。湖州城里有一条"衣裳街"。据说是因"尧、舜、黄帝垂衣裳而天下治"（《易经·系辞下》）的记载而得名。如今的衣裳街只有百余米长，却有着10多条铺着青石板的窄小弄堂通向馆驿河头，德泰恒大药房就坐落于此（湖州衣裳街历史文化街区131号）。德泰恒始创于1877年，占地面积4000余平方米。德泰恒一直秉承着三分经营、七分公益的经营方针，创立至今获得多项荣誉：全国互联网＋中医首家特许示范点、浙江省商务厅认定的"浙江老字号"、浙江省首批中医药文化养生旅游示范基地、上海市民间中医特色诊疗技术评价中心征集基地、浙江市场消费者最满意品牌单位、湖州市天天315诚信经营示范单位等。

德泰恒——湖州城独特的文化地标

湖州山水清远，生态资源丰富，是全国首个生态示范区。湖州区位优势明显，位于长三角的核心区域，距离杭州、苏州均为90余公里，处在两个城市的中间位置。俗话说："上有天堂，下有苏杭。天堂中央，湖州风光"。元代诗人戴表元的《湖州诗》形象地表述了湖州得天独厚的优势："山从天目成群出，水傍太湖分港流。行遍江南清丽地，人生只合住湖州。"

湖州是一个有着2300多年悠久历史的全国历史文化名城，是丝绸之府、鱼米之乡、文化之邦。这里有：距今4700年前钱山漾文化遗址出土的丝绸绢片，说明湖州是世界丝绸文化的发源地之一，现已被命名为"世界丝绸之源"；唐朝茶圣陆羽在湖州妙西完成了《茶经》的著述，并最终归葬于此；湖州东苕溪流域还是中国原始青瓷的发源地；北宋湖州人朱肱完成了酒文化集大成之作《酒经》；湖州衣裳街口仪凤桥南塊是宋代"湖州镜"的铸镜基地；这里还诞生了中国最早的商品广告，是中国商品广告的发源地；这里的湖笔天下闻名。水乡与古镇交相辉映，人文和生态相得益彰，湖州是长三角不可多得的养生旅游之地。

中医药文化凝聚了中国文化的养生精髓。德泰恒围绕"中医药文化养生"的主题，进行了一系列文化旅游产品开发。文化旅游并非仅仅是文化和旅游的简单相加，而是一种全新的文化形态。它是环绕旅游活动有机形成的物质文明和精神文明的总和。一句话，旅游的核心就是文化。为此，德泰恒从精神养生、物质养生、素食养生、植物养生和建设养生旅游基地等多个层面开展中医药文化养生。作为中医药文化的展示普及场所，德泰恒不仅是中医药的实体，也是文化交流普及的人文景观，是衣裳街独特的文化地标。

从物质养生到精神养生

养生文化历史悠久、内涵丰富。养生即"治未病"，是一种通过多种途径养生益老的方式。德泰恒通过与各个民俗养生基地联合举办休闲养生、中药养生等各种主题活动，使人们在休闲旅游的同时，使自身的健康、心情等状态得到更好的提升，并遵循从物质养生到精神养生的自然序列渐次展开各种养生活动。

物质养生包含植物养生与素食养生。湖州和全国一样拥有极其丰富的药用植物资源，在构建生态园林的同时，如果能合理系统地对药用植物加以选用，必将营造一种新型的融保健科学、文化、养生于一体的氛围。德泰恒在庭院内植入多种药用植物，不仅起到防病养生、延年益寿，调节生理、心理机能，提高免疫力的作用，还能弘扬民族文化，使中药知识得以普及大众。这便是物质养生中的植物养生。物质养生也包括素食养生，素食从古至今都被认为是养生之道。近年来，健康环保理念的推广，使得民间素食成为时尚，甚至成为个人品位高雅、现

代意识浓郁和一个城市文明进步的标志。德泰恒中华素食馆正在努力引领人们去尝试和拥有一种独特的健康美食生活方式，一种与大自然和谐相处的生活方式。

精神养生的内容极其丰富多样，而寓教于乐的中医药体验式的养生旅游，会使更多的人参与养生活动。迄今为止，德泰恒已举办近100期讲座，惠及15 000多人，讲座内容汇集关于健康养生知识、中国传统文化传承、疾病预防保健知识和自我修养提升，让更多人学会自我养生自我成长，蓄积正能量。书画艺术也能养生，寻求文化享受，能使人身心得到愉悦。为此，德泰恒举办了50多场极具文化特色的展览，受到了湖城百姓的青睐，两年来共有40多万人次参观各种艺术展览。

三分经营，七分公益

德泰恒秉承"三分经营，七分公益"的经营方针，致力于提升连锁药店管理水平，重点抓好精细化管理，加强制度建设，为顾客营造良好的购物环境，注重抓员工的仪容仪表、服务态度、行为规范及店容店貌等方面的整肃与管理。训练员工用专业服务为顾客提供健康咨询，同时提供专业合理的联合用药，刺激顾客消费。在业绩考核上，将对门店销售额和毛利额的指标考核，转变为专业技能和服务规范的考核。将企业经营思路内化到员工行为当中，实现员工与企业利益的一致性，引导员工将工作和学习的重点集中到每一个规范的服务行为和专业服务技能的学习、提升上，鼓励员工更好地满足顾客需求，真正做到安全合理用药，解除病患痛苦，避免员工违心地过度推销。

为了落实上述经营理念，德泰恒培养了一大批高素质药师队伍，推动了专业规范服务，建立企业内部"药师学会"，创建沟通和学习平台，有组织地让药师团队在各自岗位中体现应有的价值，力求他们成为医药门店服务工作的核心。个别门店还在显眼的位置设立了药师咨询服务台，为顾客提供合理用药的指导及免费量血压的服务。到目前为止，公司有50%的员工有药师职称，实现了专业的人在专业的岗位上提供专业的服务。

随着电商技术的发展，德泰恒与时俱进，建立了以O2O中医在线特需咨询云服务模式运行的"互联网+中医"平台，使全国成千上万的患者对名中医求诊无门的困难得到解决。这不仅搭起了患者和名中医之间的桥梁，推动优质医疗服务资源惠及大众，还将带来医疗行业服务方式的革命性变化，是"互联网+"造福全社会最生动的体现。它通过中医看病流程的信息化、服务的信息化、医疗数据的信息化，让人们在家门口就能看全国各地的名中医，不但开启了中医服务方式的新纪元，更开启了广大群众享有稀缺医疗服务资源的新时代，真正实现了用"互联网+"改变生活，造福社会。

引领大众健康养生新生活

德泰恒的发展愿景是：以健康养生为愿景，着眼未来，引领大众健康文化新生活，以医药为本，以中医治未病理论为用，传播公益慈善正能量。开创文化、医药、养生之先河，并形成覆盖用户、休闲、医药、养生、文化、养老全产业链生态系统，打造一个集医药、养生、文化、公益于一体，服务大众的综合性平台。构建随时随地的信息、无处不在的服务、简单自然的生活、充实丰富的人生，就是德泰恒愿与每一位朋友一起打造的未来世界。

旅游信息：

名称：德泰恒大药房连锁有限公司

地址：湖州衣裳街历史文化街区131号二层

电话：18105728686

网站：http://0572dth.com

二维码：

> **专家点评**
>
> 　　湖州是一座历史悠久、人文荟萃的古城，深厚的文化底蕴与优美的自然风光，形成了湖州独具特色的市区太湖风情游、长兴文化游、南浔古镇游、莫干山风景游、安吉竹乡游等经典旅游线路。德泰恒创办的"馆中馆"（朱军民麦秆画馆、赵延年版画馆、雩宝馆、中医药文化馆等），与"塔里塔"（飞英塔）、"庙里庙"（府庙）和"桥里桥"（潮音桥）一起形成了湖州四绝，成为湖州又一道亮眼的文化旅游风景线。
>
> 　　德泰恒是一个创办于19世纪中后期的百年老店，之所以能在现代科技日新月异的当今社会生存下来并发扬光大，除中医药文化的巨大生命力之外，与德泰恒与时俱进的不懈努力是分不开的。德泰恒原本就是个老字号中药店，只要按照"三分经营，七分公益"理念办好药店即可，但其可贵之处在于不断进取、与时俱进。随着社会经济的发展和人民群众日益提高的生活诉求，德泰恒适时地利用自身优势开发中医药养生旅游，为拓展大众养生的服务空间，又及时地与"互联网+"结缘，开发出集中药经营、问诊、养生与旅游于一体的综合性服务平台，在为大众健康服务的同时传承并弘扬了中华医药文化。这便是德泰恒留给我们最值得珍视的经验。
>
> （浙江旅游职业学院教授　汪亚明）

11 精细服务 做竹养生
——安吉浙江圣氏167养生馆

笔直挺拔的翠竹在喃喃细语,向我们倾诉着"圣氏"的发展;清冽甘甜的山泉在娓娓轻吟,向我们赞美着"圣氏"的风景。极目远眺:远处,绵绵群山蜿蜒起伏;近处,片片翠竹随风起舞。在远离尘嚣的这方净土,我们静静地相对而坐,享受着旁人无法理解的那一份惬意和静谧。

圣氏167养生馆,坐落在全国首个"国家生态县"、全国首批"生态文明建设试点县"、荣获全国首个县域"中国人居环境奖"的美丽竹乡——安吉,是一个竹健康文化与环境教育相结合的健康休闲的养生馆,是安吉接轨上海、促进长三角区域互动的绿色纽带,是杭州、上海学生、市民环境教育实践的广阔天地,

也是竹文化与生态科技的研发中心。养生馆主要从事天然中草药植物的研究、开发和生产,尤其在竹子有效成分的研究领域处于国际领先水平,是国家高新技术企业、浙江省发展循环

经济示范单位,同时也是浙江省AAAA级工业旅游示范基地、浙江省中医药文化养生旅游示范基地和全国首家竹叶黄酮科普教育基地。

完善的机制

圣氏167养生馆专门成立了管理工作领导小组,定期召开专题会议,研究、部署、推进各项工作。划拨专项资金,用于建立健全示范基地标准体系、组织旅游创建实施、开展创建宣传培训、实施评价、持续改进措施等工作事项。为此,采取了多种措施推进工作:一是加强学习,提高素质,组织员工外出学习经验,安排员工参加各类旅游工作培训会,派遣员工赴遂昌金矿、达利丝绸等地学习旅游工作经验,沟通交流;二是加大宣传,营造氛围,"圣氏"多次邀请旅游专家、中医药国家级、省级名专家进行预检查,提出建设性意见,同时"圣氏"也在积极完善企业文化,创办了企业内刊《健·行者》,旨在记录"圣氏"成长的点滴与各类宣传;三是强化督导,狠抓落实,对照各个岗位的服务标准、工作标准、管理标准及岗位职责,"圣氏"组织人员进行不定期抽查,查漏补缺,狠抓整改落实。

精品化建设

基地一期先后投资1.5亿元实施了建设工程。其中包括新建旅游阳光房一幢、企业文化馆一座、生态停车场1000多平方米、透明工厂两个、十余项多媒体触控设备；还建设了餐饮服务中心，改善了广大游客的就餐条件和环境。在充分考虑与周围环境相协调的基础上，与台湾资深设计整合公司合作，逐项完善各类导览标志、整体营销策略、品牌服务等。

精细化服务

在基地牢固树立"人人都是旅游环境"、"注重精细化"等服务理念，对全体职工和旅游服务从业人员进行了"态度决定一切，细节决定成败"的职业教育，并规定在平时的工作中注重细节，规范着装，佩证上岗，说普通话，讲文明语，从自身的一言一行抓起，从点点滴滴的小事抓起。同时，建立投诉处理机制，规范投诉处理程序，并设有投诉电话和意见箱，定期进行游客满意度调查，征询游客意见。

全方位养生体系

"圣氏"二期工程（总建筑面积约2万平方米）正在建设中，计划建成每层约4000平方米共5层的综合性中医药养生大楼。结合现有基础，未来"圣氏"的中医药养生发展将从中药材原料观赏、中药材基地科考——到工厂参观（中药材提取、中药饮片炮制、中药颗料剂生产），到中医药健康咨询服务、中医药文化和产品展示、中医药养生体验，最后到膳食养生，形成一个全方位的养生体系。"圣氏"旨在通过中医药健康养生旅游，大力弘扬中医药文化知识，宣传中医药在经济社会发展中的重要地位和作用，从而形成

让更多人"信中医、爱中医、用中医"的浓厚氛围和共同发展中医药的良好格局。

旅游信息

地址： 安吉县康山工业园区

电话： 0572-5808167

附近酒店： 君澜度假酒店、缘通大酒店、六合盛大酒店、银润城堡酒店等。

附近景区： 距中南百草园3公里，浙江省自然博物馆距离2公里、上影基地2公里、欢乐风暴水上世界4公里、中国竹子博物馆4公里。

交通： 高速口9公里，汽车站1公里。

二维码：

专家点评

  浙江省安吉县是著名的"中国竹乡"，拥有竹林面积6.7万公顷，乡土竹种7属40余种。近年来，随着生态旅游的不断兴起，安吉县以"竹"为特色，大力发展生态游，使竹子生态旅游业成为安吉县的经济新亮点之一，并打造出一张"中国大竹海"的金名片。为了把以"竹"为特色的生态旅游产业做大做强，使竹子生态旅游不断健康发展、不断完善，浙江圣氏167养生馆借势发力，与多家权威科研机构合作，潜心研究竹子的有效成分，开发出国家新资源食品竹叶黄酮、国家卫生部批准的天然食品添加剂——竹叶抗氧化物等药食两用的天然绿色中草药植物提取物产品，与此同时，还以竹叶黄酮为基本原料开发了"个个健"饮料和经国家卫生部批准的保健食品——"竹康宁胶囊"等产品，实现了单体景区旅游开发和区域旅游开发的共振，取得了意想不到的效果，值得借鉴。

（浙江旅游职业学院教授　刘建明）

上编　中医药文化养生旅游示范基地

12 中医国粹　梦回丹溪
——义乌中华养生丹溪文化园

提起义乌，游客们会自然而然地想起"小商品王国"和"购物天堂"。然而，就在这座小商品城不远处的赤岸镇东朱村有一座宁静的丹溪养生文化园。走进园林，首先映入眼帘的是刻有"一代医宗"四个大字的石碑。园内湖光山色、亭台掩映、花木扶疏、曲径逶迤、鸟语花香、郁郁葱葱，建筑古朴典雅、精巧大方。中华养生丹溪文化园已种植数百种中草药材，是游客亲身体验大自然馈赠和中华养生文化的绝佳之处。

中华养生丹溪文化园前身为朱丹溪陵园，始建于1992年，占地面积7.5公顷，现已投资约4000万元。丹溪养生园是金华市市委市政府命名的爱国主义教育基地。丹溪墓是由浙江省人民政府公布并竖立标志的浙江省级文物保护单位。2002年，养生园举办了丹溪国际养生论坛，邀请了国内外众多中医药界专家学者参加活

动。2015年8月,养生园荣获中国管理科学研究院颁发的"2015年产学研结合十佳示范养生文化园"证书。同年12月,被浙江省旅游局列为"浙江省中医药文化养生旅游示范基地"。

千年丹溪,滋阴大师

朱丹溪（1281—1358年）,名震亨,字彦修,元代著名医学家。浙江义乌市赤岸人,因其故居有条美丽的小溪"丹溪",学者遂尊之为"丹溪翁"或"丹溪先生"。后人习惯地称他为"朱丹溪"。朱丹溪自幼聪慧,读书能过目成诵,日记千言,言章辞赋,一挥即成。据说,他对著名理学家许文懿传授朱熹理学非常崇拜,听后"自悔昔之沉冥颠齐,汗下如雨。"便"每宵挟册,坐至四鼓,潜验默察,必欲见诸实践。"他坚持学了几年,日有所悟,学业大进,成了一个学识渊博的"东南大儒"。

在他30岁时,老母患了严重的脾病。他心情焦急,请了许多医生治疗都不见好转。原来这些医生大都医术粗劣,受当时社会风气的影响,盲目搬用《局方》,所开药方大同小异,吃下去一点效果也没有。这时,他深深体会到:"医者,儒家格物致知一事,养亲不可缺"。于是他立志学医,日夜攻读《素问》。以前,他也曾读过《素问》,觉得"词简而义深,去古渐远,衍文错简",然后"茫若望洋,淡如嚼蜡"。

在经历了延佑元年（1314年）两次科举失败后,朱丹溪立志专事医学,先后师从许谦、罗知悌等当朝名医学大家。特别是罗知悌对朱丹溪既有理论的传授,又有实践的教诲,使其医术有了长足的进步。经过长期不断的实践,朱丹溪总结出一个重要的论点,即"阴易乏,阳易亢,攻击宜详审,正气须保护"。为创立后来的丹溪学派奠定了坚实的基础。

朱丹溪一生刻苦治学，博采众长，潜心钻研前人学说而又不被其拘泥，终成"滋阴学说"一派大师。他一生著述颇丰，主要医学著作有《格致余论》（1347）、《局方发挥》（1347）、《本草衍义补遗》、《金匮钩玄》3卷（1358）。其门人整理编纂的《丹溪心法》体现了他的医疗经验，对后世影响较大。日本、朝鲜等后学者受其观点影响，开辟了中医学的新纪元。他和刘完素、李东垣、张从正，被后人称为"金元四大名医"。

江南仙谷，梦回丹溪

丹溪养生园是由浙江溪翁旅游文化开发有限公司开发修建的。公司本着造福当代、惠及子孙、弘扬中华医学文化的理念，致力于将丹溪养生园打造成为一个传承中医文化的养生天堂，成为全省乃至全国主要的中医文化旅游风景名胜区，使丹溪养生文化冲出义乌、走向世界，成为未来义乌的又一张"新名片"！

丹溪养生园是按照江南园林风格进行开发建造的养生文化园。园内湖光山色、亭台掩映、花木扶疏、曲径逶迤。这里有：省级文物保护单位朱丹溪墓；有丹溪药王谷，已种植数百种中草药材，让游客能在游玩的同时能学到中草药材的相关知识，亲身体验大自然赐予的恩泽；有中医养生药膳餐厅，所有菜品都以朱

丹溪养生理论为基础，以现代中医养生为实践，让游客在享受美食的同时收获健康；有丹溪文化馆，用科普的方式向游客展示朱丹溪医学理论与实践成就；梦回丹溪3D影院，为游客完美呈现朱丹溪的唯美

爱情故事；还有仙鹤湖富硒鱼垂钓中心，让垂钓爱好者们不仅可以享受垂钓的乐趣，更可享受富硒鱼的美味，乐趣与美味兼得，求知与养生并举！

加大投入，弘扬国粹

丹溪养生文化园以弘扬丹溪文化、传承中华国粹为主要指导思想，本着边开发边运营的原则，计划总投资约1.2亿人民币，总体建设目标6年分三期完成。目前，园区已投资了1000

多万元进行开发和翻新，完成了旧大门改造、丹溪文化馆、梦回丹溪3D影视厅、丹溪养生讲堂、丹溪药王谷、丹溪养生餐厅、丹溪国医馆、丹溪山鸡园及园内修缮等9个工程项目，已基本完成一期建设目标。二期、三期建设将继续投资约1.1亿元人民币，完成青钱柳种植基地、中药培育基地、丹溪康复中心、丹溪养生公寓等项目的建设。届时，一座中医文化底蕴深厚、养生旅游项目丰富、配套设施齐全的江南文化名园矗立在浙中大地上，以此引来成千上万的养生爱好者和游客。

旅游信息

地址：浙江省义乌市赤岸镇东朱村中华养生丹溪文化园
电话：0579-85878200
网址：Http://www.zhudanxi.net
微信：中华养生丹溪文化园　zdx0579

专家点评

众所周知，中医药养生文化在中国源远流长、底蕴深厚，以此为文化根底开发养生旅游项目，已成为当下旅游业界的共识与实践。义乌中华养生丹溪文化园，以朱丹溪医药文化为主题，倡导休闲养生理念，将旅游景点与中医药文化相结合，开发修建了一座依山傍水的养生文化园。园内不仅保留了中医药文化遗址，如，省级文保单位金元四大名医之一的朱丹溪墓，而且开发了中医养生文化体验区、养生讲堂、国药馆、中草药种植基地等，为园区营造出浓郁的中医养生文化氛围，彰显了中医药养生文化特色，产生了较大影响，为中医药文化传播发挥了独特作用。这是本案例最值得称道的地方。

本案例第二个成功之处，在于园区的开发者敢于在古老的中华医学文化遗址上投下巨资，将丰厚的中医药文化与旅游元素结合起来，开发出现代旅游者所需要的养生旅游产品，满足当今社会旅游、休闲、养生与健康的时代需求。这不能不说是开发者的一种远见卓识，可以预见，在物质生活日益丰富的未来，基于底蕴深厚的中医药文化养生旅游将成为一种古老的时尚，在中华大地上发扬光大。

（浙江旅游职业学院教授　汪亚明）

13 人间福地寿仙谷　传承创新济苍生
——武义寿仙谷有机国药养生园

中医药文化源远流长、博大精深，是中国三大国粹之一。中医中药不仅护佑了中华民族的世代繁衍与发展，也为世界人民的健康与幸福作出了独特的贡献。武义寿仙谷有机国药养生园是浙江省首家"中医药文化养生旅游示范基地，其独创的"中药炮制技艺"，是中华医药文化灿烂星系中的翘楚。

寿仙谷有机国药养生园地处仙霞岭与括苍山脉交会处的武义县白姆乡源口水库脚下，距武义县城20公里，总占地面积近130余公顷，是一家以中医药文化旅游为主题的生态养生园。园内林木葱茏、鲜花绽放、药草飘香、灵气浓郁，有铁皮石斛与灵芝种植园、中草药仿野生种植的百草园、中医药文化养生体验园、中医药科普区、有机菌类等特色土产展销区及药茶、药酒、药膳养生餐饮区等，非常适宜城市居民、亚健康人群和老年人休闲、养生与观光旅游。

养生园自建立以来，先后被评为中国科协和中华中医药学会"药学科普示范中药基地"、"全国青少年科普示范基地"、"浙江省优质道地药材示范基地",首家"浙江省现代农业园区石斛精品园",首家"浙江省中医药文化养生旅游示范基地"等。

千年中国药,百年老字号

寿仙谷中药文化源远流长,其中寿仙谷中药炮制技艺的历史最早可上溯到春秋时期的李耳,也就是《道德经》的作者老子。唐朝以后,宫廷秘方秘技随李氏后裔流落各地,武义为李氏聚集地之一,因传承而后形成了李氏中医临床和中药炮制技艺。清末,武义郎中李志尚,将其采药行医和中药炮制技艺传之于其子李金祖,1909年,李志尚、李金祖父子同创"寿仙谷药号",采用并完善数百种中药炮制和炼制方法,形成了包括中药采集、栽培、炮制、组方、煎制等程序的寿仙谷中药炮制技艺。几代传承人专门采集产自武义山野之中的铁皮石斛、灵芝等道地药材,精心炮制成"铁皮枫斗"、"石斛膏"、"灵芝丹"等上品药,为百姓治病,并一度供应杭州方回春堂等知名药号。20世纪70年代初,其子第三代传人李海鸿将祖传的炮制膏、丹、丸、散、酒等养性延命上品药的传统技艺传给子女。1993年,第四代传人李明焱正式成立浙江寿仙谷医药股份有限公司,走科技创新之路,传承发展并赋予了寿仙谷中药炮制技艺新的生命和内涵。百年来,寿仙谷中药炮制技艺以言传身教的方式世代相传,在得到活态保护的同时,又有不断改进完善,形成了传统炮制技艺与现代技术融合并存的特色,生动反映了清末以来武义当地的中药材种植、加工、炮制技

术的发展进程。2014年11月,"武义寿仙谷中药炮制技艺"被国务院认定为国家级非物质文化遗产代表性项目。坐落于寿仙谷健康产业园内的寿仙谷中医药文化馆,占地1000多平方米,内分中国中医药文化和寿仙谷中医药文化两大展区,为中国中医科学院中国医史文献研究所支持建设项目,现已投入使用。

重德觅上药,诚善济世人

寿仙谷中医药文化馆门厅屏风上镌刻着这样一副楹联:"重德觅上药,诚善济世人"。这是中药世家李家的祖训,也是今日寿仙谷药业的厂训,更道出了中医药文化传承数千年却历久弥新的真谛——德为重,诚为首,善为先。为了传承与弘扬这一中华传统医药美德,打造出济世利民的有机国药第一品牌,寿仙谷从20世纪90年代中后期,在当地政府部门的大力支持下,选择了远离污染、风景秀丽的源口、刘秀垄等地,租用农民的土地,在全国率先建立了"企业+基地+标准化"模式的铁皮石斛、原木灵芝等道地中药材规模化种植基地,并先后通过了中国有机认证、欧盟有机认证及国家中药材GMP认证,保证了灵芝、铁皮石斛等珍稀中药材的道地

性和安全有效性。2003年，在武义县黄龙工业园区创立了金华寿仙谷药业有限公司。2011年，公司与杭州胡庆余堂联手打造的武义胡庆余堂药膳养生馆开业后深受消费者欢迎。2013年，公司于武义县城内恢复了寿仙谷中医国药馆的中医药门诊经营和养生咨询，并在一定程度上解决了当地民众看省级名老中医专家门诊难的困境。多年来，"寿仙谷牌"破壁灵芝孢子粉、铁皮枫斗颗粒等中药养生保健产品，因具备"安全有效，质量稳定"的特征，颇受专家和百姓青睐，成为国内十几家百年中药老字号的热销产品。寿仙谷商标被认定为中国驰名商标，浙江省著名商标。中国肿瘤内科学奠基人、中国工程院院士孙燕已应邀领衔主持寿仙谷院士专家工作站科技研发工作，并欣然为寿仙谷药业题词："人间福地寿仙谷，传承创新济苍生"。

立足国药科普，开发养生旅游

随着国内养生旅游的不断发展，中医药养生旅游也越来越受到都市人的青睐。寿仙谷公司在不断发展主业的同时，基于自身深厚的中医药文化底蕴和人们对了解中医药文化的迫切需求，在创建有机基地的基础上，因地制宜，积极开发中医药文化养生体验旅游。投资建立寿仙谷有机国药养生观光园，以中华传统中医药文化发展为主线，以百年老字号寿仙谷药业的始创、传承、创新、发展历程为主要脉络，以寿仙谷健康产业园的珍稀植物药品种选育、产品精深加工及检测，以寿仙谷中医药文化馆内的展板和实物陈列，以寿仙谷国药养生园内的灵芝、铁皮石斛等1000多种中草药的栽培现场参观，以基地养生餐馆"药食同源"

的美食享受等为内容的文献、实物与体验相结合的方式，不仅生动展示了武义寿仙谷中医药养生文化的博大精深，也为步入小康的普通百姓提供了一个环境优美、空气清新、百草芬芳的休闲养生的好去处。

为了融进养生旅游休闲元素，养生园首先划分了生产区和旅游区，生产和观赏互不影响；在游客接待厅和会议室增设视屏设备，循环播放企业和中医药产品的宣传片，增加中医药文化旅游氛围；规划重建了古香古色的养生餐馆，请民间工艺大师绘制了大型寿仙图墙画，布置了星相八卦图植物带；对中药百草园内的药草，在药草归经、植株高低、色彩对比等多种立面的配合上，做了分门别类的划分整理，并正在逐步实施分区移植之中。同时，对药食同源的养生餐进行了新菜品的不断探索和确定，人均不到百元，能吃到天然有机、新鲜养人的铁皮石斛鸭煲、铁皮石斛饼、灵芝鸡，喝到灵芝酒、石斛酒、鲜石斛汁等珍贵食材做成的美味，并在突出健康养生的同时，顾及了受众口味的适宜性；对养生园内的旅游线路，进行了科学制定，避免了回头路的出现，在每个重要路口设置了中英文对照的指路牌，让游客能一目了然自己前往的目的地；路两边都布置有花木、排椅等，游步道用碎石细沙铺就，对脚底能起到一定的刺激按摩养生作用；为了增加观赏性，还栽种了一些异形灵芝供游客拍照留影；并开发制作出多种规格的铁皮石斛、灵芝盆景等旅游纪念品，让游客把吉祥如意的"仙草"带回家。

养生园自创建以来，每年开园300多天，免门票接待参观人数超过3万人，接待上级领导考察调研60多批次，各种社团参观200余批次，组织专家健康讲座100余期，特邀孙燕、施仁潮、陈友芝等全国知名中医药专家，从古今中药炮制、清补养生概要、未病防治须知及灵芝、铁皮石斛的药用价值和优劣识别、慢性病康复、节气与养生等诸多方面，向大众传播中医药保健与养生健康知识，受众达数万人。同时还开展"浙商财智女人走进寿仙谷"、"海外学子进国药基地"、"大中小学青少年走进百草园"等公益活动，举办多场次中医药药学科普知识讲座，反响热烈。同时在寿仙谷中医国药馆、湖畔公园等场所举办义诊活动，并多次送医送药到边远乡村，每年受益群体超过4000人。每年联合寿仙谷公司总部在武川公园及武义县城三家寿仙谷专卖店门前，免费赠送数千份"寿仙谷腊八粥"；举办公益进企业、进社区活动，成功举办中医药养生讲座活动60多场。寿仙谷中药炮制技艺的第四代传人、寿仙谷药业董事长李明焱研究员，编写出版了《中华仙草——灵芝》、《膏方宝典》、《铁皮石斛一百问》等中医药科普专著。寿仙谷中药人的善行善举，得到了上级领导及当地百姓的赞誉和拥护。

打造中医药文化养生旅游品牌

几十年来，寿仙谷有机国药养生园获得当地政府、中医药行业及专家的广泛关心和支持。特别是实施免费开放、强化科普作用、改善亲民服务以来，受到了全社会的广泛关注与欢迎，在实现国家级文化遗产保护成果惠及民生、丰富公众文化生活、服务民众健康等方面发挥了积极作用。但是，养生园在养生旅游开发方面的力度还不够，养生园还存在一些不足和有待完善之处。所以，为了扩大寿仙谷的知名度，打响养生旅游品牌，十三五期间，养生园将主动适应我国中医药文化养生旅游发展的需要，做好生产基地向旅游基地的转型升级，引进专业管理人才，做好养生旅游的后期规划开发。以提高中医药文化体验为核心，以增加可看性和科普性吸引游客为目标，力争做到养生园内一年四季都有花开，使灵芝、石斛等观赏对象的设置和摆放更有重点和特色，更有利于珍稀药材的保护，同时又更具人性化，方便观赏。在养生餐体验的基础上，增加中医现场诊脉，现场开方开药膳，以及养生咨询等游客互动项目。在游客接待处、林荫大道边、休闲点、报告厅等场合，增设选药的风车、切药的刀具，碾药的药船，捣药的石臼等制药工具，使整个养生园内的环境、氛围、观感等都能有一个更接近中医药文化的衔接和布局。总之，寿仙谷国药养生园将继续努力探索和改善，为致力于弘扬中医药传统文化，传承和发展寿仙谷中药炮制技艺，传播科学养生知识，促进社会和谐发展，为提高人民生活品质作出更大贡献。

旅游信息

地址：浙江武义寿仙谷国药养生园

交通：距杭州机场210公里、武义火车站23公里、武义高铁北站30公里、武义汽车站20公里。具体路径：出武义县城，沿上松线西行至王宅镇，再到白姆乡源口水库脚下寿仙谷有机国药栽培基地即可。

电话：0579-87770378

附近酒店：住宿需返城

附近景区：大红岩景区（距离3公里）

专家点评

说起寿仙谷就不得不提到一个人，那就是这个公司的创始人，现任董事长李明焱先生。中央电视台"生财有道"栏目曾对其事迹做过专题报道，产生全国性影响。李明焱，20世纪80年代初毕业于浙江农业大学后，被分配到武义县农科所工作，历任高级农艺师、研究员。1997年脱离体制，下海开公司，潜心研究、试种、开发各种名贵中草药，取得很大成就。现任浙江寿仙谷珍稀植物药研究院院长、浙江金华寿仙谷药业有限公司董事长。20多年来，李明焱潜心钻研珍稀食药用菌和名贵中药材的品种选育、栽培及新产品的研究开发。主持实施了国家生物育种高技术产业化项目"铁皮石斛新品种选育高技术产业化示范工程"、国家火炬计划"铁皮石斛规范化栽培关键技术开发及产业化"、"灵芝孢子破壁新工艺研究和开发"等30多项国家、省、市重大科技攻关项目。主持研发的铁皮石斛颗粒、铁皮枫斗浸膏、灵芝破壁孢子粉、万延胶囊、红花瑞丽浸膏、虫草王等养生保健系列产品，以其货真价实、功效显著而得到专家学者和消费者的好评。有十多项成果填补了国内空白，达到了国际先进水平，曾获中华人民共和国国家科学技术进步奖二等奖1项，浙江省科学技术奖二等奖2项、三等奖2项，金华市科学技术奖一等奖4项。正是基于李明焱的科研成果，古老的寿仙谷山药才能焕发出如此灿烂的光芒。所以，任何产业要发展，必以科研为先导，寿仙谷的成功也充分印证了这一点。

更为可贵的是李明焱并不是象牙塔里的"书呆子"，而是敢为人先的弄潮儿。当他看准了寿仙谷中药的发展前景后，毅然决然地脱离体制，在中医药产业化道路上摸爬滚打，努力探索、不断创新，终成正果。他选育出了耐高温、抗杂菌能力强、产量高，多糖和三萜酸等功效成分比日本红芝、韩国赤芝分别高60%和30%以上的"仙芝1号"灵芝优良新品种，并按照国际有机产品标准及国家GAP标准，建立了国内首个灵芝栽培基地。他研究开发了新工艺技术，解决了灵芝孢子普遍采用振动磨破壁法导致铬、镍等重金属超标，孢子壁、孢子油等物质混为一体，有效成分含量低、易氧化、安全性差等难题，实现了产业化生产；他选育出首个高于国家药典标准、成活率高、抗逆性强、产量高、多糖含量高达47.1%的"仙斛1号"铁皮石斛新品种，建立了首个浙江省农业两区建设"铁皮石斛精品园"。当他等到养生旅游渐成风气时，他毅然投入物力财力，将旅游休闲元素引入种植基地，使之成为浙江省第一家省级中医药养生旅游示范基地。凡此种种，足以说明正是李明焱成就了寿仙谷的当下繁荣！

（浙江旅游职业学院教授　汪亚明）

14 森林氧吧　生态休闲
——浙江环大盘山中医药生态旅游基地

远眺一弯小径、一扇木窗、一片竹林；俯瞰一泓泉水、一簇花丛。春可醉，夏宜人，秋易思，冬里暖，每季每节都可来，它挡住了外面的喧嚣与风尘，置身森林、溪流、清风、花香、鸟鸣之中，恬静、愉悦、乐观、豁达，出尘忘俗。

浙江环大盘山中医药生态旅游基地，位于浙江省中部磐安县境内，是以浙江大盘山国家级自然保护区为中心，整合周边的磐安县安文、大盘、盘峰、双峰、

仁川、冷水、新渥、深泽等乡镇的自然、人文、生态、中药、休闲、养生、景观资源合力打造的浙江省中医药文化养生旅游示范基地。该基地的创建是积极培育环大盘山的以中医药文化、森林生态休闲、历史人文、古民居、自然景观等为主的中医药文化养生旅游产业为目标的生态产业，为满足人民群众日益增长的健康养生和精神文化需要，大力推动磐安传统中药材产业与当前新兴阳光产业的完美融合。基地建成后，先后荣获"中国森林氧吧"、"全国自然保护区管理先进集体"、"浙江省生态道德教育基地"、"浙江省生态环境教育示范基地"、"浙江省生态文明教育基地"、"金华市文明单位"、"浙江省十大最美生态休闲健身点"等荣誉称号。

旅游资源丰富

环大盘山中医药生态旅游基地内旅游资源丰富，不仅开发了花溪——夹溪省级风景名胜区（花溪片）、国家AAAA级旅游景区百杖潭、龙溪漂流等山水景区景点，建设了云山省级旅游度假区，还拥有国家重点保护单位榉溪孔氏家庙、

中国历史文化名村榉溪村、省级历史文化名村大皿村等人文景观，孕育了炼火、祭孔大典等民间艺术，形成了以大盘山为中心，串联安文、花溪、大盘山、江南药镇、百杖潭、青梅尖、双峰、孔氏

家庙、五公山等旅游景区（点），年接待旅客量达200万余人次。

接待设施完善

经过近几年区内开展酒店、农家乐客房提升工作，不断完善接待服务功能，建设星级标准酒店、主题特色酒店，增加商务酒店、经济性酒店，发展农家乐、乡村民宿，满足不同层次游客的住宿需要，旅游接待能力大幅提升。目前基地内主要宾馆、酒店14家，能为2000多人提供住宿；发展了农家乐107家，床位数1817张，餐位数13 360个。

经营管理科学

由建设主体单位牵头，有关部门、乡镇、景点（业主）相关领导参与，成立了基地建设与提升工作小组，协调工作、整合资源，同时制定并出台相关管理与激励政策，提升各景点、区块及相关行业的基础硬软件设施，统一服务标准，因地制宜，突出中医药休闲养生生态旅游主题，主打磐安县南线精品中医药文化养生旅游专线。

打造江南生态养生源

基地的创建与提升，是为了配合磐安县发展中医药文化生态养生旅游的1号

浙江省养生旅游范例

产业,打造"江南生态养生源"。依托大盘山国家级自然保护区及周边地区的自然、人文、生态、中药、休闲、养生、景观资源等优势所在,开发磐安中医药生态养生旅游,通过多种形式向游人展示中医药养生文化,串联大盘山环线各景点和中药材产业、文化产业等养生旅游资源,再现生机,有利于弘扬与创新我国传统中医药文化,同时促进转型升级和农民增收,加大中医药文化养生旅游的品牌宣传,进一步拓展"旅游+中医药"产业,挖掘中医药文化内涵,完善旅游基础设施,丰富养生旅游产品,建成集旅游、休闲、养生、保健等于一体的中医药文化生态养生旅游特色基地,满足当代社会不断增长的养生保健旅游需求。

旅游信息

地址: 磐安县浙江大盘山国家级自然保护区及周边乡镇

电话: 0579-84661309

附近酒店: 翡翠湖建国度假酒店、伟业大酒店、磐安大酒店、花台山宾馆、山水大酒店、宝得丽大酒店、大盘山温泉山庄等。

附近景区: 花溪风景区、百杖潭景区、灵江源森林公园、孔氏家庙。

交通: 近邻诸永高速公路磐安互通口和双峰互通口,距即将动工建设的金台铁路磐安冷水站18公里。

二维码:

专家点评

环大盘山中医药生态旅游基地各特色村、点结合自身人文、中医、中药材、休闲、景观等资源优势，围绕中医药文化养生旅游主题，突出各自特色开展旅游项目，如百杖潭景区的森林生态休闲养生游，花溪的地质遗迹亲水游，榉溪村的孔氏南宗文化主题游，大皿村的乡村民俗文化游，新渥江南药镇的中药体验、购物、生产展示游，大盘山药用植物园的中药科普游，大盘山保护区的江南药谷科考探密游，源头湖药膳馆的药膳品尝游，求是药膳研究院的药膳解密体验游，等等。可以说，环大盘山中医药生态旅游基地是对安文、大盘、盘峰、双峰、仁川、冷水、新渥、深泽等乡镇区域及自然、人文、生态、中药、休闲、养生、景观等旅游资源全面整合的结果。

（浙江工商大学教授　郭鲁芳）

15 吃药膳 避酷暑 赏美景
——缙云懿圃西红花养生园

心可以如鸟儿一般飞翔，站在山野，悠悠的云从头顶飘过，静静地聆听，一花一木、一草一叶，都有着生命的呼吸。与自然为伴，让那一袭芬芳涤净心灵的尘埃。

懿圃西红花养生园，地处缙云县前路乡南弄村，占地面积133公顷余，万亩桃园和苍松翠柏环抱其中，紫米和中药材是主要的农产品，现有育花房1328平方米，餐厅可容150人同时就餐，标准床位40个，临时停车位50个，被认定为浙江省生态循环种养示范项目、中药现代化生产项目，是一处集休闲、观光农业于一体的多功能示范区。接连两年被缙云县生态休闲养生经济促进会评为先进集体，多次被省、市、县党报作为生态观光农业典型介绍。每年慕名而来吃药膳、避暑、赏花、购买养生保健品等的游客1万余人次，年创产值300多万元。

内容丰富

以中医药养生理念为依据，开展喝西红花茶、西红花酒；品红花药鸡、陈皮老鸭、四叶参炖排骨、泥鳅炖豆腐；享用红紫米粥、西红花长寿面等系列药膳服务。利用万亩桃园、山茶油基地和括苍"天池"等山水风景、人文风景、空气质量等条件开展吸氧练功、垂钓养性、赏花采摘等农事体验、爱国主义教育、高山挖药、访古探幽等休闲旅游活动。

绿色有机

养生园会同养生专家和中医院医师按季节分人群组织药膳谱，利用基地自产有机中药材和绿色农产品，开展药膳养生和顾客购物活动，把千年来农民古朴的养生传统挖掘出来，用于现代人的保健养生。保证养生用的有机中药材和绿色农产品每样都自己生产，每只鸡、每棵菜、每粒米、每滴油都可追溯到田间、不向市场采购。改变其他农家乐向市场采购产品回家换口锅烧烧的冒牌习惯。让顾客亲眼看到农产品生长，可亲手采摘（或亲眼看）、亲手烹饪。看了高兴、吃了放心。

巧妙整合各种资源

缙云西红花养生园经过5年的建设现已初具规模，也积累了部分经验，但离顾客需求仍有距离。所有建筑和设施遵循自然原则，不豪华、不做作，能简就简、能省就省、能古就古，不做加工景点，保持山水、草木、田园的自然风貌。本地自然资源、

人文风景没有充分利用，还有很多不足。养生园接下来着手新建绕村公路，让大客车直接入园。此外，聘请旅游规划设计院在原有基础上重新设计，让整个园区配套合理，各种资源巧妙整合、充分利用，向AAAA级景区迈进，与此同时，加强对内部人员的培训工作，提高服务水平，让每个员工都能适应景区未来发展的需要。

旅游信息

地址： 丽水市缙云县前路乡南弄村吴田畈

电话： 13454324028、13486983448

附近酒店： 仙都假日酒店、金悦酒店、新开元酒店、养生园民俗。

附近景区： 南宫寺、狮子山、大龙潭、括苍古道、万亩桃园、千亩山茶花、括苍天湖、烈士墓、独心殿、戚继光抗倭古战场。

交通： 距台金高速壶镇出口15公里、金温高铁40公里。

专家点评

随着人们生活水平的不断提高，对养生需求变得越来越强烈。缙云懿圃西红花养生园紧紧抓住这一契机，从三个方面打造了这一养生主题：西红花，又叫藏红花，是一种名贵的中药材，临床多用于胃病、调经、麻疹、发热、黄胆、肝脾肿大等的治疗，养生园以药食同源的理论为依据，将其植入茶、酒、菜之中，

延长了产业链,此其一;在当下,食品安全问题层出不穷,给老百姓的饮食安全带来了极大的困扰,养生园大作有机、绿色文章,对每只鸡、每棵菜、每粒米、每滴油都能做到可追溯,赢得了游客的信赖,此其二;快速的工作、生活节奏让人们身心疲惫,更渴望亲近淳朴的大自然,该养生园所有建筑和设施遵循自然原则,不豪华、不做作,不做加工景点,保持山水、草木、田园的自然风貌,迎合了游客返璞归真的心理需求,此其三。

(浙江旅游职业学院教授　金加升)

下编 老年养生旅游示范基地

16 天堂边最美的村庄
——杭州余杭山沟沟村

一个坐落在半山腰上的小村庄，青石板铺就的小路、斑驳陆离的灰墙、爬满青藤的古树、建有风火墙的徽派民居，被海天海地的毛竹林包围着，进村的路就在这大竹海中做着S形运动，向外面的世界蜿蜒地伸展出去。这个小山村就是余杭山沟沟村。这里遍地修篁、竹林生烟、清泉潺潺、炊烟袅袅、鸡啼犬吠，分明就是个世外桃源。每年4—10月，游人络绎不绝，走一走山林小道，茂林修竹，回归自然母亲的怀抱；望一望溯瀑泉水，溪水叮咚，感受清泉石上的意境；访一访百年私塾，穿越时光，享受文化熏陶；踏一踏青石板路，沉稳厚重，感慨沧海桑田；尝一尝农家米酒，甘甜清醇，就似那热情好客的主人；品一品高山新茶，清香幽远，恰是山里人品质最好的写照。无论何时来访，山沟沟都会让你感受别样的情愫。

山沟沟村地处余杭区西北部，南与临安交界，西与安吉交界，距杭州一小时车程。全村辖8个自然村，总面积15.3平方公里，36个村民小组，人口

2379人，森林覆盖率高达95%，生态环境保护情况优良，中国人与自然生物圈保护区、山沟沟国家森林公园就坐落于这里。山沟沟村先后被评为浙江省小康示范村、省农家乐特色示范村，杭州市文明村、杭州市农家乐休闲旅游特色村等荣誉。

村内拥有杭州山沟沟风景名胜区。风景区拥有杭城第一峰——海拔1095米的窑头山和次高峰海拔1025米的红桃山，是太湖的重要源头之一。风景区内资源丰富，生态环境优良，动植物种类丰富，有国家珍稀植物千年红豆杉群，有国家一级保护动物黑麂等。四周峰峦叠嶂，群山苍翠，植被覆盖率95%，形成了与周边环境不同的独特的"康乐型"气候环境。是城市居民理想的休闲观光养生胜地。

是美丽村庄更是养生福地

山沟沟景区从2003年开发，在短短的十数年里得到了长足的发展，从原先单一的生态旅游观光，发展成为现在具有革命传统红色教育意义和农家乐休闲度假、休闲养生的景区，先后获得多项荣誉。随着旅游的快速发展，山沟沟村已成为备受长三角地区人们喜爱的旅游休闲之地。

随着老龄化社会的到来与亚健康现象的日渐普遍，人们对健康养生的需求成为中医养生保健市场的主流趋势和关注热点。养生旅游产业将养生资源与旅游活动融为一体，全方位地满足了人们的身心健康需求，已经成为一

种新兴的旅游业态。如今很多国家都着眼于行业潮流，开发本土优质资源，使国际养生旅游业百花齐放，已具备了一定的规模，如，日本温泉养生、韩国美容养生、泰国荷尔蒙养生、法国庄园养生、美国养老养生、阿尔卑斯高山养生等。同时也形成了各具特色的养生旅游开发模式，因此养生旅游市场前景十分广阔。

近年来，山沟沟村充分利用村内自然风光及区位优势，配合相关企业积极发展特色养生旅游产业，不断彰显山沟沟村宜居、宜业、宜游成效，推动山沟沟村农家乐的发展，促进村民持续不断增收。积极推进现代农业园区建设，大力发展智慧农庄，构建新型农业经营体制，开辟农业发展新道路。大力推进文化开发，利用村企合作新模式，建设山沟沟村文化礼堂，发掘山沟沟村历史文化资源，结合山沟沟村革命历史，修缮新四军被服厂，对余杭共青团遗址进行保护并在原址基础上设立共青团团史纪念馆。通过以上措施，发掘山沟沟村的发展潜力，同时也让山沟沟村具备了建设老年养生旅游示范基地的基础条件。

丰富产业链，建设养生旅游新高地

一是加大招商引资力度。近几年，山沟沟村成功引进中国移动智慧农庄阿汤生态农业园、上海圣利斯服饰有限公司综合楼项目、杭州山沟沟古村落保护开发有限公司等外来资金对山沟沟进行建设和开发。下一步通过利用山沟沟村的旅游特色及其生态良好、

浙江省养生旅游范例

环境优美等优势加大招商引资力度。同时配合好各投资商日常工作。二是在生态型旅游和农家乐产业上下工夫。对旅游特色村进行巩固加强，不断完善休闲场地及附属设施建设。组织农家乐成员进行专业培训和学习，考察农家乐旅游成功村镇，交流探讨经验，细心学习取长补短，使山沟沟村农家乐更上一个台阶，增加村民收入。三是建立健全山沟沟村长效管理机制。建立环卫保洁与村农村貌管理队伍，聘请专职人员担任村保洁员与清理员，并制定了相应的工作制度，明确工作职责。对山沟沟村公共设施维护，设立包干制度，村委会与有关责任人签订相关协议，明确双方职责，营造全民参与、全民监督的管理氛围。

旅游信息

地址： 浙江省杭州市余杭区鸬鸟镇山沟沟村下余

电话： 0571-88573333，0571-88573833

自驾：

上海出发： 沪杭高速到杭州北出口，绕城高速勾庄下，沿104国道至彭公转按山沟沟公路牌即可到达。

江苏出发： 宁杭高速。A、德清出口（104国道）到彭公往山沟沟；B、高速到良渚出口返回104国道，到彭公往山沟沟。

杭州出发： 杭州北上高速（南庄兜）—杭长高速—百丈下—山沟沟景区。

公共交通：

途经一： 杭州和睦新村乘313公交，或武林门北348公交到瓶窑，约40分钟，在瓶窑文化官对面乘坐497路到太平，约1小时，下车后可换乘454公交，或换乘面包车（一般15元）到山沟沟景区接待中心。

途径二： 详情咨询96123，在杭州旅游集散中心坐车至山沟沟景区。

门票：

成人票： 98元；儿童票：1.2米以下免票，1.2~1.4米半价；老年票：年满70周岁以上半价。

专家点评

　　余杭山沟沟村基于核心景区优势，在长三角旅游市场中具有极大的品牌影响力。然而对于开展老年养生旅游，山沟沟村尚处于起步阶段。对于旅游基础条件、区位条件优越的山沟沟村，对于养生旅游的探索应该从以下四个方面着眼。

　　一是积极引入优质医疗卫生资源。要推动医疗机构和旅游机构之间的资源整合，促进优质健康资源的深入挖掘和提升。老年养生离不开医疗、护理，这恰恰是山沟沟等传统景区型村落的弱点。如何提供医疗护理保障，如何开展医药养生旅游，山沟沟需要多方整合资源。

　　二是推动发展专业规范的健康旅游服务。要在提供优质游览服务、休闲度假服务的基础上，探索个性化健康服务，创新服务模式和组织业态，根据不同人群的需求，定制化地发展中医养生、音乐养生、茶养生、禅疗养生、食疗养生、运动养生等服务。

　　三是推进养生旅游产品创新。丰富养生旅游产品和服务的内容，增加新的业务维度，提高服务的品质，降低季节性带来的风险。例如，春季万物复苏，可开展踏青、赏花、野餐等森林养生活动；盛夏炎热，可开展亲水、野营等避暑养生活动；金秋灿烂，可开展农家体验、赏叶采果等体验养生活动。在时间上针对不同的季节设置不同的养生旅游规划项目，不但丰富了养生文化内涵，更打破了以往景区因季节因素导致的旅游淡旺季制约。

　　总而言之，山沟沟村建设老年养生旅游示范基地，应该做到四个坚持：坚持以市场为导向，顺应当前持续增长的多元化、细分化养老服务需求，开发具有地方特色的养生养老与康疗产品组合；坚持全产业链引领，着眼于全产业链运作，推动养老产业资源整合、融合互动和经营模式的创新；坚持功能创新，以功能需求为核心，创新养生养老产品功能体系，开发新的功能和功能系统；坚持资本运营，寻求多方渠道突破养老产业融资瓶颈，缓解资金流通的压力，确保产业发展的可持续性。

（浙江旅游职业学院副院长、教授　王忠林）

下编　老年养生旅游示范基地

浙江省养生旅游范例

17 船在水上行　人在绿中游
——桐庐分水新龙村

都说"钱塘江尽到桐庐，水碧山青画不如"。其实，桐庐的魅力不仅浸透在天下独绝的富春江，也错落于沿江山湾水洼的大小村落之中。沿着分水江而上，一路都是美景。位于分水镇东南面的新龙村，就是这样一座山湾水绕、风景秀丽的小山村。"船在水上行，人在绿中游"是对这个小山村的形象写照。每到夏季，就会有很多来自城里的游客"躲"到这里来享受一份独特的凉爽、悠闲与美味。

新龙村位于分水镇东南面，分水江南岸，由原来的龙潭、臧家、大张三个自然村合并而成，现有431户1326人，行政区域面积9.37平方公里。新龙村通过2011—2013年的美丽乡村建设与提升，通过道路修建、沿线绿化、屋顶改造、墙体白化等多项为民务实的新农村改造工作，村容村貌得到很大改观。先后获得"省级养生养老休闲示范基地"、"省级森林村庄"、"省级园林绿化村"、"市级文明村"、"市全面小康建设示范村"和"桐庐县最清洁示范村"等荣誉称号。2014年被列为杭州市"风情小镇"培育村，2016年初被评为国家AA级村落景区。

结庐人境养天年

新龙村三面环山、一面临江，森林覆盖率达到92%，是一个名副其实的天然氧吧。陶渊明的句诗"结庐在人境，而无车马喧。"似乎是专门为新龙村这个最佳人居环境而写的。新龙村濒江而居，出能享受分水小城镇的繁华和便捷，入则拥有山村小径的静谧与从容。所以有人说，住在新龙，一生从容；养在新龙，安享美梦。正是凭借如此优质的生态资源，新龙村以创建"风情小镇"为契机，以现有的产业特色、山水资源为优势，打造集绿色农业、滨水休闲、民宿体验、康体养生、养老度假为一体的山水休闲养生村落。新龙村以这一定位为引领，进行资源整合与开发，形成了"一心三带"的规划布局：即综合服务中心，濒水休闲带、乡村风情带、康体养生带，并打造出相关旅游产品。

花香自有蜜蜂来

新龙村优美的生态山水资源和科学合理的发展定位，引来了许多投资旅游休闲养生的项目。王家坪地块的高档住宅区，项目设计投资1.2亿元，规划用地2公顷余，外加山地若干，将打造成分水区域最高档住宅；土名对半坞山冈，将建一处精品度假酒店。在这里驻足休憩，打开任意一扇窗，新龙村都将时时呈现一幅动态的山水画，享受新龙的好山好水好空气及龙潭畈的天作百合园。2009年4

月,通过土地流转,新龙村把龙潭畈的24公顷农田流转给杭州新迪农业开发有限公司,用于出口蔬菜的种植,田租以粮食指导价调整,目前已建成蔬菜生产基地34公顷,2014年7月又因各方面调整,山东天作生态农业开发有限公司对这34公顷土地进行转包,并将其中24公顷用于七彩百合花的大规模种植与培育,花期在5—10月。此基地的百合品种打破了中国百合全是一茎一朵、单纯白色的现状,变成一茎多朵,花色既有金黄、橙红和淡紫,又有彩斑、条纹等其他图案颜色,更具有视觉观赏价值。天作百合园将在后期推广过程中牵手更多以"爱"为主题的婚纱摄影、亲子节目录制等活动,发展更多以"百合"为主题的特色产业链,产生更大的经济效益,最后以扶持和赞助更多慈善事业为目的,让世界变得更美好。

要看新农村,就来新龙村

在县、镇两级政府的统筹规划和财政支持下,从2014年起沿分水江畔打造一条滨江绿道,依山傍水,将山体景观、滨水景观、绿化景观有机融合在一起。2016年初,绿道建设基本

完成，总长15.8公里，贯穿5个行政村——新龙、天英、里湖、儒桥、大路，被统称为"范蠡休闲养身区"。新龙村的单段绿道全长3.2公里，宽3米，现已将上沃溪度假村、古樟平台、龙潭渡口、龙潭驿站、百合园基地、新龙游艇码头等都串联起来，初步形成了完整的滨水休闲旅游带。

"老农村"环境整治

长期以来，大部分农村的生活垃圾、生活污水、畜禽养殖和农业废弃物任意排放的问题特别严重。"污水乱泼、垃圾乱倒、粪土乱堆、杂草乱跺、畜禽乱跑"是"老农村"环境的真实写照。要摆脱"老农村"的社会认知，就必须做好乡村的环境整治工作。新龙村从2007年"十百工程"开始，到2013年的美丽乡村精品村建设至今，在污水纳管、卫生监管、垃圾分类等工作中都花费了极大的人力物力。村两委带领党员、村民代表定期组织举行卫生大整治活动，争取做到五个没有：房前屋后没有零星垃圾；村内没有散放垃圾；公路沿线没有散落垃圾；溪涧鱼塘没有白色垃圾；田头地间没有有害垃圾。经过持续整治，村容村貌发生了很大变化，多次获得"县级清洁示范村"的荣誉称号，也为养生旅游的发展奠定了良好的环境基础。

土地流转增效益

众所周知，加快农村土地流转是推动农业结构调整的重要措施，土地流转对于农村土地集约经营、解放农村劳动力、提高土地产出效益大有好处。新龙村在稳定家庭承包关系的基础上，通过农村土地流转，促进农村土地适度规模经营，提高了土地产出率、资源利用率和劳动生产率，形成了土地区域规划、招引专业化农作、集约化经营、规模化发展的现代农业新格局，推动了农业企业、专业大户和农民专业合作组织等经营主体的健康发展，大幅度增加了农民家庭的经营性收入和财产性收入。

旅游民宿结硕果

民宿经济作为激活乡村旅游的新密码,在乡村生态旅游的发展中,不仅在于民宿本身所具有的寄托乡情与乡愁的特色,更现实的是让乡村百姓参与其中,让更多的普通大众受益。新龙村依托乡村旅游发展为民宿造势,在民宿行业占据了一席之地。目前新龙村先后发展民宿42家,床位达到420余张,2015年底完成部分民宿营业执照办理,正式纳入市场监管。村里还成立了自己的民宿协会,并进行集中规范化管理。把"沉睡资源"转化为发展资本,形成独特的民宿旅游发展业态,初步实现了"百姓富、生态美"的有机统一。

打造一道让人无法忘却的风景线

新龙村是一个有着自己特色和历史积淀的村落,未来的整治工作既要保护原有的自然风貌,还要使历史文化得到弘扬,将田园风光和水乡风韵进一步凸现。要着重梳理村庄特色、挖掘村庄历史文化,彰显其民俗亮点,让新龙村成为城市边缘的一道无法忘却的风景线。今后到新龙村来,你可以选择骑行或漫步于我们的绿道,住新龙村的民宿,看分水江水波粼粼,赏百合花花海,在大自然的怀抱中彻底放松下来。

旅游信息

地址:杭州桐庐县分水镇新龙村
电话:0571-64332859

民宿：13857194900

景点：百合花花海（免费、花期5月份）、绿道（免费、骑行需租赁自行车）、垂钓湖、文化礼堂（配有县四星级电子阅览室，免费开放）。

附近景点：瑶琳仙境、垂云通天河、天目溪漂流、凤凰谷花溪孝道漂流、天子地、文体中心博物馆（免费）、九龙禅寺（景点免费，香烛自费）。

交通：离分水长途汽车站3公里，自驾请导航分水镇新龙村村委。

专家点评

新龙村位于分水镇东南1公里处，是以原来的龙潭村为中心和相邻的臧家、大张两村合并而成的。分水江在这里由南转向东形成一个面积较大的深潭。据传，在这深潭里住着一条蛟龙，每到雨季便会乘着湍急的山洪一起来兴风作浪，祸害沿江两岸百姓。为此，龙潭先人便在江水拐角处的山岩上修筑了一个亭子，试图镇住蛟龙的横行乡里。但这只是人们的良好愿望，每到梅雨季节，汹涌的山洪仍如脱缰的野马奔腾咆哮而来，淹没两岸大片农田和村庄。直到改革开放后在上游建起了水利发电站，起到了调节水位的作用，才免去了年年修堤，年年遭灾的恶性循环。如今的新龙村经过浙江美丽乡村建设行动的洗礼，修建了连接分水镇的跨江大桥和两岸的绿道，治理后的分水江和新龙村重新焕发出养生旅游的迷人光芒！其成功经验可概括为以下三点：

一是不失时机地把握了浙江新农村建设的政策机遇，借助国家和地方政府的财政力量进行了大量的基础设施建设，为新龙村的发展奠定了坚实基础。新龙村原来是个交通极不方便的山村，分水江绕村而过，一直靠摆渡船进出村庄，而今在分水江上架起了一座双车道桥梁，再加上沿江绿道的建设，使新龙村的可进入性大为改善。交通的便利使这个"藏在深闺人未识"的山村获得了前所未有的生机。

二是村两委十分重视"老农村"的环境整治，通过治"五乱"（污水乱泼、垃圾乱倒、粪土乱堆、杂草乱踩、畜禽乱跑），一改人们对"老农村"的认知与观感，使山清水秀与整洁村落相得益彰、相映生辉。

　　三是利用土地流转政策招商引资建设美丽乡村。在我国、在江南、在桐庐，山清水秀的村庄比比皆是，没有哪个村民不想把自己的村庄建设成为美丽乡村的，但苦于没有资金支持。新龙村较好地利用了国家土地流转的政策招商引资，开发了百合园、度假酒店和高档民宿等旅游项目，不仅改变了村容村貌，也增加的农民收入，真正做到了生态美与百姓富的有机统一。

（浙江旅游职业学院教授　汪亚明）

18 怡心养生之地　宁静安详之峪
——淳安富文乡青田村

徜徉于群山环抱之中，树木葱郁、青峦叠翠，一条小溪蜿蜒而过，阵阵清风不时拂面吹来。转过一个山弯，一幢幢青砖黛瓦、气派十足的庭院式楼房呈现在眼前。独具风味的土鸡、土鸭、土鱼等特色土菜，则尽显农家风情。

青田村，地处淳安县东部，地域面积17.74平方公里，距千岛湖镇23公里，离S06省道4公里、杭千高速入口10公里。村内有"葛岭乡村旅游示范点"、下山移民新农居点、森林氧吧、王子谷漂流、林海归真、野人谷、"仙草谷"铁皮石斛

观光园和田甜湾现代农业园区等知名景点。全村共有农家乐30余家，客房300余间600余个床位，3200个餐位。青田村别具一格的乡村旅游特色、宁静舒适的环境、纯净清新的空气、朴素简单的民风，特别适合一个人沉下心来慢慢欣赏和品味。青田村自开发旅游以来，先后获得"省级特色旅游村"、"省级农家乐特色村"、"市级休闲旅游特色村"、"市级服务业积聚区"、"市级美丽乡村精品村"等荣誉称号。青田村依托本村得天独厚的自然资源和生态优势，倡导休闲旅游乡村产业模式，吸引了许多外地游客纷至沓来，目前，该村特色旅游景点和农家乐共接待游客35万余人，实现旅游收入3000余万元。

以仙草为龙头产品

位于青田村岭后自然村的铁皮石斛观光园已发展成一定规模，目前有大棚栽培3.3公顷，树上仿野生栽培约7公顷，是铁皮石斛的生产基地。或成植株盆栽或成药物引子的铁皮石斛是养生健体的不二之选，深受游客喜爱，也是青田村的特色农产品和农户创造财富的经营方式。

因地制宜搞建设

围绕"全县景区化，项目景点化"的战略目标，针对青田村的资源禀赋，结合富文乡旅游总规划和青田农家乐"庭院休憩型"的格式布局，青田村强势推进工程建设，提升品牌形象。整

齐有序、清洁美观的新农居点是青田村花费巨大的人力、物力、财力改造而成，通过下山移民建设工程样板，因地制宜，结合各处优势，充分利用自然生态、生活与休闲相融合的方式，绿化庭院、亮化道路、净化污水，设计凉亭、公园、停车场，修理王子谷漂流河道，打造焕然一新、环境优美的旅游胜地。

整合乡村文化

青田村以资源为基础，立足自身特色和优势，深度开展乡村风光观赏游、乡村风情欢乐游、乡村生活体验游等项目，同时注重乡村土特产品的开发、特色饮食的开发、乡村文化的开发，将村民自制的农家辣酱、自养的绿壳鸡蛋、自家种植的老南瓜和自制的茶叶等农产品直接销售给游客；也把自家吃不完的季节性蔬菜卖给农家乐经营户，还有诸如打麻糍、做米粿、裹粽子、吊土酒、杀年猪等风俗习惯，让游客身临其境，深刻体验当地农民的生产和生活方式，发展经常性可参与享受的乡村旅游项目，提升乡村旅游内涵，形成旅游精品。

创新经营模式

为追求健康、回归自然的假日休闲养生旅游模式，青田村利用农产品经营、田园景观、农村文化生活及自然生态环境等资源优势，按照"四统一"即"统一宣传、统一价格、统一分客、

统一结算"的管理模式，提倡以农民家庭为基本接待单位，将农业、农村、农家饭、农特产品作为主要载体，拉近游客的感官体验，使他们发自内心地享受乡村旅游的乐趣。

拓宽旅游市场优势

发展乡村休闲养生旅游业是青田村拓宽自身旅游市场优势的有效手段，结合本村新农村特色，促进乡村旅游经济产业结构调整，推进旅游产业要素重组，加强生态保护，改善旅游基地布局，带动和推进村域经济发展，坚持集体主导，统筹规划、统筹建设、统筹协调管理和服务，带动社会经济效益，改善农民生活质量，提高旅游环境，全力推动乡村旅游的更好更快发展。

旅游信息

地址： 杭州市淳安县千岛湖富文乡青田村

交通： 1.上海出发：沪杭高速—杭州绕城—杭新景—杭千支线—千岛湖，全程约4个半小时；

2.杭州出发：杭州绕城—杭新景—杭千支线—千岛湖，全程约1个半小时；

3.南京出发：杭宁高速—杭州绕城—杭新景—杭千支线—千岛湖，全程约5个小时。

网址： http://2587981.1024sj.com/

二维码：

专家点评

　　青田村养生旅游以优质的自然生态环境和自然要素（如，森林氧吧、王子谷漂流、林海归真、野人谷）、天人合一的乡村景观、强体验性的农事活动、地域特色鲜明的民俗文化（如，打麻糍、做米粿、裹粽子、吊土酒、杀年猪）和谐的邻里关系及绿色有机农副产品（如，绿壳鸡蛋、老南瓜、茶叶）为资源和环境基础，利用空气、高山、田园、森林、溪流、民风民俗等原本被大家忽视的养生要素资源，开发休闲养生旅游产品，形成养生方式，极大地促进了农业资源、乡村环境、乡间民俗等与养生旅游融合，拓展其养生旅游功能，延长养生旅游产业链，提升了乡村旅游内涵，形成旅游精品，树立了乡村养生旅游的典范。

（浙江旅游职业学院教授　金加升）

浙江省养生旅游范例

19 一幅被时代遗落的历史画卷
——建德大慈岩新叶村

各位游客，当你走进新叶村就会发现，这是一个历史悠久、民风淳朴、天人合一的古村落，仿佛是一幅被时代无意间遗落的历史画卷，一处令现代人流连忘返的世外桃源，徜徉于其间，不知不觉中会使人感觉到一种独有的自然和恬静！

新叶村，坐落在建德市大慈岩镇东北部，与兰溪市黄店镇交界，村域面积18.5平方公里，总人口3072人。新叶村始建于南宋嘉定十二年（1219年）。据考

证，新叶村也是目前国内最大的叶氏聚居村。该村地处玉华山与道峰山之间，山清水秀、环境优美。千百年来新叶人的辛勤劳作与科学经营，使得山水之间诞生出一座千年古村。新叶村的建筑与山水有机结合，构成了天然的画卷。村中水塘，如南塘、四方塘等皆可倒映出村四周的山峰，从玉华道峰两山之间流出的泉水汇成溪流，从古村穿行而过，汇聚成石塘、南塘等大小池塘，养育了叶氏族人，更灌溉了下游的良田作物。新叶村是中东南部最为典型的古村落之一，曾被清华大学建筑学教授陈志华誉为"中国明清时期建筑最大的露天博物馆"，不仅因为其保留了大量的明清古建筑，更因古村与周围环境有机地结合在一起，构成了一种师法自然、天人合一的独特景观。

一座弥漫着东方神韵的古建艺术王国

新叶村以江南罕见的古建筑群而著名，据《玉华叶氏宗谱》载，叶氏始祖是经精密地理勘测后选择在此定居的，整个村庄依山而建，玉华山泉水缭绕全村，新叶村共有国保历史建筑35处，省保历史建筑27处，200多幢古民居建筑。其中

保存较完好、建筑规格较高的历史建筑有：抟云塔、文昌阁、西山祠堂、存心堂、有序堂、崇仁堂、双美堂、玉泉寺等。村内有总祠堂1座，分祠堂10座。各分支住宅均以祠堂为中心环绕而建，使整个村庄形成若干群落。各群落之间又以众多街巷和弄堂相连，配以高耸入云的马头墙，显得深邃幽远。各住宅每间房屋的开门、转角、朝向、高矮的布置和天井内青石条、石柱、牛腿的雕刻，既考虑各自风水、阳基等因素，又巧妙地统一于每个具体建筑群落之中，形成错综复杂、内涵丰富的建筑结构。陌生者乍入村内，犹如进入迷宫而不辨东西南北。村内每所祠堂门前都设有一个半月形池塘，池中恰好倒映着对面的道峰山，据考证是因认为北面的道峰山为新叶村的风水山，山呈锐三角形，在五行中属火，半月池塘将道峰山倒映水中，正含有"以水克火"之意。新叶村祠堂除供奉祭祖、节日演戏外，平时作为族人婚丧产育、打木工、做竹活等公共活动和劳作场所。

当你来到新叶村村口时就会有一组特别的古建筑映入眼帘，那就是抟云塔、文昌阁和土地祠。建于明代的抟云塔，塔身上下无任何雕饰，造型秀丽、端庄。这是一座风水塔，新叶村人又称之为文风塔，以乞求文运。文风塔建成之后300多年，清朝同治年间又在它脚边造了一座文昌阁。文昌阁是文风塔的配套建筑，同样为了乞求文运。后来在北侧，紧贴文昌阁建成一座土地祠。土地祠乞求丰年，文风塔和文昌阁乞求文运，三者合一，完整地反映了农业时代叶氏家族耕读传家的理想和追求。

当你沿着石板路走进新叶村时，会觉得是一个典型的封闭的宗族社会。然而宗族的文化传统并不封闭。像江南许多宗族世家一样，新叶村人在创业之初就十分重视子弟读书，村里开办有书院、私塾、义学和官学堂。在新叶村纵横交错的街巷中，许多街巷的路中间是一块块大石板连接而成，这是为了让读书人足不涉泥，

雨不湿靴而专门铺设的，而且每一条石板路都通向学校。

当你在石板路观赏时，会看到新叶村的祠堂非常醒目。不仅祠堂的数量多、等级分明、规格齐全，还记录了大量的历史与民俗信息。其中的有序堂是玉华叶氏的总祠，位于村子的北端，是新叶村结构的中心。新叶村最早的住宅都建在它的两侧。到玉华叶氏第八代时，开始分房派建造分祠。这些宗祠就分布在有序堂的左右和后方。西山祠堂是新叶村最早的祠堂，也是玉华叶氏的祖庙，建于元代，如今已成为新叶小学的一部分。崇仁堂是新叶村较高大、较宽敞、较华丽的祠堂。其规模不但超过了祖庙，也超过了总祠。一般的祠堂只有两进或三进，而崇仁堂则有四进，总进深26米。新叶的祠堂除祭祀祖先外，还有多方面的功能。议事厅是宗族执行私法权利的地方，是举行重要礼仪活动的场所。木雕是新叶村祠堂特色之一。许多的梁、枋、斗拱等，全部精雕细刻装饰着人物、灵兽、百鸟、回纹等，布局严谨、造型优美。镂空的人物图雕，人物面部表情逼真，服饰飘动自然，连人物的眼角、指间处也刻得毫不含糊。木梁上大多刻有戏文，以"百兽图"居多，还有"九赐言"、"凤采牡丹"等，栩栩如生。深入其中，仿佛进入了一个东方古国神秘的建筑艺术氛围之中，如梦如幻、如痴如醉，流连忘返。

一个传承古老养生文化的神秘村落

新叶村自开发老年养生旅游以来，前来光观、休闲、度假的游客络绎不绝。仅去年就接待了国内外游客20余万人次，其中老年人10余万人次。新叶村的养生

旅游事务由村老年人协会统筹管理。在老年协会的组织下，本村老年人组织昆曲传唱、民俗技艺传承等活动，同时村集体对于孤寡老人提供救助，实现村民的老有所乐、老有所养。与此同时，村里还举办新叶亲子游、万名老人游新叶等活动，吸引大批老年游客到本村游览，体验新叶村的独特古建筑与民俗文化，增强老年人与子女、孙辈的互动，共享天伦之乐。每逢传统节日定期慰问帮助孤寡老人，也是一项老年养生旅游的重要内容。每年端午节、中秋节、重阳节、春节期间，村镇两级都会组织慰问村里的孤寡老人，对老年人反映的问题及时进行解决，同时积极宣传孝顺传统美德，增强村民敬老爱老意识，组织本村老人参与团体活动，丰富老年人日常生活。

　　充分挖掘并利用新叶村的民俗文化，举办各种传统民俗节庆活动，提升养生旅游的文化内涵，增强古村落养生旅游的吸引力，也是新叶村养生旅游开发的重要举措。例如，新叶村每年都要举办"三月三"民俗活动，传承新叶民俗文化。每年的农历三月三，新叶村都会举行盛大的祭祖典礼，这一活动在叶氏族人心目中的地位和热闹程度都要远胜于中秋节、春节等传统节日。祭祀由叶氏宗族现有的五个支派——崇仁派、崇智派、崇义派、崇德派、余庆派，按天干地支的顺序轮流执掌主持。在此活动中老年人发挥了不可替代的作用，通过"三月三"，将老一辈的经验与记忆传承下来，并远播村内外。再如，新叶村还定期开展

戏曲、庙会等老年人喜闻乐见的民俗文化活动，为老年游客提供体验参与本村文化活动的机会，其中的新叶昆曲演艺活动就是一项广受老年游客欢迎的活动。新叶昆曲是清末金华昆曲流传并遗存在浙江省建德市新叶村的一脉，与它的另一脉"宣平昆曲"并存，分布于建德、兰溪、金华、武义一带。新叶昆曲是昆剧园里的一朵奇葩，她带有些许泥土的气息，少了些宫廷脂粉气，散发着别样的芬芳。

总之，本村立足丰富的古建筑资源及独特的叶氏民俗文化，将旅游与养老、休闲有机地结合起来，以亲子游、养生游为载体，积极开发新的旅游景点、线路和形式，加强老年旅游养生基地建设，取得了可喜的成绩。

打造度假休闲式老年养生旅游基地

随着老龄化的加速，我国将迎来老年旅游发展的新阶段。新叶村未来将在继续发展老年人观光休闲旅游的基础上，着重开发长期住村的养老休闲式旅游，发挥本村古建筑及民俗文化优势，结合本村农家乐民宿发展，为前来该村养老养生的老年游客提供优质的服务，让老年游客群体享受到家的感觉。

相关旅游信息

地址：建德市大慈岩镇新叶村

电话：13588361279

附近酒店：新叶村民宿、慈严府酒店。

附近景区：大慈岩风景名胜区5公里，诸葛八卦村10公里。

交通：自驾车的朋友到杭州后可直接上320国道，到建德后转入330国道，沿金华兰溪方向行驶约5公里至大慈岩镇，即可看到通往新叶村的指示牌，再沿着村道行驶约3公里，就能到村口了。背包族可在杭州西站乘坐到建德的快客，建德车站有去新叶村的中巴车，班次很多。

专家点评

新叶村地处浙西的建德大慈岩镇，在它的不远处还有国内著名的诸葛八卦村，那是一座诸葛亮后裔聚住的九宫八卦阵古村落。应该说，新叶村和诸葛八卦村具有同质性，同属于明清古建筑村落，所以在旅游开发上有共同的取向，那就是遵循"保护即是开发"的理念，在保护的前提下，通过修旧如旧和适当增加现代设施的办法，让江南古建筑文化传承下去，这才是古建筑村落旅游开发的正道。新叶村正是走这一正道取得成功的典型案例，在不到20平方公里的范围内保存了200多座古民居建筑，而且古村落的布局、道路和水系都保存完好，这就为记住乡愁、开发旅游奠定了坚实的物质基础。我觉得这是新叶村做得最为成功的地方，值得同行同业者借鉴。

新叶村第二个值得称道的地方，就是定位准确与错位开发。假如新叶村与不远处的诸葛八卦村一样开发，那游客就没有必要去新叶村了。所以，新叶村在旅游开发时实施了错位开发的策略，在古村落文化上做文章，充分挖掘叶氏家族文化和民俗文化，开发出具有新叶特色的旅游活动与节庆项目，如"三月三"的祭祖典礼和新叶昆曲等，并与新叶村家族聚合式的古建筑空间格局结合起来，将其定位在老年养生旅游基地的开发与建设上，而且由本村的老年协会来管理，从而形成新叶村古村落旅游的鲜明特色，这也是值得同行同业者借鉴的地方。

（浙江旅游职业学院教授　任鸣）

20 由"脏乱差"变身为"绿富美"
——宁波象山方家岙村

　　山上，有修竹茂林；村里，有清溪古桥。天阔风微，溪流淙淙，树木葱茏，穿行在村头巷尾，仿佛置身于世外桃源。2016年5月11日，省委书记夏宝龙在该村调研时表示：该村通过"五水共治""三改一拆"等行动，拆出了发展新空间，改出了村庄新面貌，治出了美丽新经济，实现了集体经济和群众收入的"双增收"。一句话：该村由原来"脏乱差"变身为"绿富美"。这个村就是象山墙头镇方家岙村。

宁波象山方家岙老年养生旅游示范基地，位于象山县城西郊，西沪港畔，大雷山脚下。村域面积5.2平方公里，三面环山，北临西沪港。2010年着手全面规划实施村老年养生旅游示范基地，打造搭建乡村旅游休闲平台。基地建设从乡村旅游基础设施开始，整治疏通大雷溪河道，修建露天游泳池2000平方米，在大雷溪建起溪流观光长廊、游步道和烧烤基地，做好村周边及游览区植树绿化，创建村文化礼堂及文化广场，新建村集体居家养老楼2000平方米和25家农家客栈、550个床位、1000多个餐位，建成生态停车场5个，可停放300辆车。由于旅游基础设施的不断完善，自然与人文环境的日益融洽，优美风景和淳朴的民风吸引着广大游客慕名前来旅游观光和休闲养生度假。几年来，方家岙村连续被上级政府部门评为象山县首届十佳美丽村庄、省绿化示范村、省森林村庄、省卫生村、省农家客栈示范村、宁波市水环境示范村、宁波市民宿基地等荣誉称号。2015年被评定为浙江省老年养生旅游示范基地。2016年被评为宁波市"最洁美村庄"十强之一，成为全县唯一获得此殊荣的村庄。

依托优势资源，建设"绿富美"村庄

方家岙村立足依山傍水近海的地理与资源优势，以规划布局为先导，环境整治为主线，着力整合资源，践行新农村发展"新形象、新空间、新起点"三新要素，全面推动美丽乡村建设，现已基本形成了"村庄格局规范、环境整洁美观、群众富裕文明"的新局面。主要表现在以下三个方面：

一是环境绿色优美。方家岙村拥有独

特山水资源和村落环境,风景优美,为老年养生旅游提供良好条件和自然环境。村域森林覆盖率为77.31%,山林4.27平方公里,森林面积4.02平方公里,覆盖率为94.15%。村中更是古树参天。远超作为老年养生基地的70%标准指标。

二是空气质量绝佳。经权威部门监测结果显示,方家岙村空气环境达到了标准的最高级别一级,达到了自然保护区、风景名胜区、需要特殊保护区域及康复疗养等特别需要安静的区域要求。方家岙村不仅空气清新、质量绝佳,而且无噪声,声环境质量标准为0类标准,是老年安静养生的最佳区域。

三是水源充足优良。方家岙村地表水质优良,其水源地方家岙水库坐落在青山环抱之中,无污染,水中矿物质丰富。经监测,方家岙村地表水质量为I类标准,达到了水源地的功能要求,也达到了自然保护区、风景名胜区和需要特殊保护区域的要求,水环境达到标准的最高等级。方家岙村民用水采用统一达标水源,水源地水质优良,水工艺先进,消毒到位,所有生活饮用水的水质符合GB5749-2006的要求,基地供水充足,水质达标。方家岙生活污水得到了全面整治处理,污水处理率达100%。

依托生态优势,加快发展休闲旅游

为充分挖掘生态休闲旅游的发展潜力,方家岙村明确打造休闲旅游强村目标,加快方家岙旅游开发步伐。2010年,成功引进了一家集休闲、餐饮、住宿为一体的农家乐——大雷山庄。此山庄既有农家特色餐饮,又有特色采摘与休闲娱乐项目,能同时接纳服务200余人,能全面满足游客体验乡村农耕文

化、享受绿色生态休闲度假的需求。村里还计划在方家岙水库下打造一个以高档花木种植为特色的生态休闲观光农庄、儿童乐园、烧烤基地、休闲茶馆，目前项目正处在紧张洽谈之中。同时村里还以节庆为媒介，于2010年重阳节隆重举办首届登山旅游文化节，以"低碳健身登大雷山·生态休闲游方家岙"为主题，把全民健身和生态旅游结合起来，推广低碳健身生活方式，进一步打响了方家岙生态旅游品牌。

坚守环保理念，推进村庄基础建设

多年来，方家岙村坚守生态环保理念，加快推进村庄基础设施建设。现已累计投入500余万元，完成全村村内路面硬化工程，确保家家户户通水泥路，提前实现水泥路网络化建设。2010年投入资金76万元浇制外环村道1.6公里，村庄周边道路硬化率达95%，村主干道和公共场所路灯安装率实现100%。累计投入300万元，建成健身休闲公园3个、游泳池1个，还对1.5公里环村溪坑进行美化改造，既保持了水系畅通洁净，又美化了溪坑环境。2015年，方家岙村已投资192万元用于村庄基础设施建设，其中大雷溪至祖家园三处复古凉亭建设50万元，村烧烤基地及配套公共卫生间建设45万元，400米游步道弹石路铺设及两旁护栏搭建50万元，千株樱花林种植15万元，村规划新区道路硬化工程20万元，太阳能节能灯安装12万元，村庄整体硬件水平在2014年基础上有了明显提升。在完善基础设施的同时，该村还加大绿化力度，增加人均绿化占有率。累计投入150万余元，先后完成全村主要道路两旁、河岸绿化1.6公里及休闲公园内及环村道路的绿化。同时鼓励和引导村民在庭院内种植花草树木，做到四季树常绿，天天有花香。到目前为止，村绿化覆盖率达92%。村里还配备专职花木管理员，加强对花草树木的修剪养护管理。通过宣传引导，逐步使村民养成自觉爱护花木、爱护公物、维护环境的好习惯，全面实现了社会主义新农村的"美化、绿化、净化、亮化"四化要求。

全面整治村容村貌，深化美化家园活动

多年来，该村一直重视村庄环境整治工作，特别是在2008年全面推进"美化家园"活动以来，加大村内环境的治理力度，逐步形成长效保洁机制，使村容村貌得到全面提升。村里统一购置垃圾桶670只，落实3名专职保洁员每天做好垃圾集中清运工作，村内景区设双联制垃圾桶，村内环境卫生实行村干部分片包户责任制，各户实行"门前三包"，村配备5名保洁员，晨收暮扫。彻底消灭传统的露天粪坑213处，新建封闭式粪坑3处，公共厕所4座，农户卫生厕所普及率为98%。2009年，经村全体干部、村民代表讨论，通过了方家畚村"门前三包"制度，与农户签订"门前三包责任书"，营造自觉维护环境卫生的风气，形成环境卫生长效保洁机制。

规范农家乐经营，提升旅游服务质量

在村委会领导下，成立村旅游服务部，确定专管人员，全面接待安排外来游客吃、住、游工作，使游客吃、住、游"三开心"。加强游客吃、住、游"三安全"，特别加强农家客栈卫生安全，客房卫生做到被罩、床单"一客一换"，室内干燥、整洁。餐饮卫生新鲜、无变质，食品营养均衡。餐具一洗、二刷、三冲、四消毒、五保洁。农家客栈相关规章制度公示上墙，便于了解、自觉遵守、相互督促，依章依法经营。如《中华人民共和国食品法》、"住居业卫生规范"、"餐饮业食品卫生管理办法"、"农家乐经营服务规范"、"浙江省旅游管理条例"、"浙江省农家乐餐饮卫生许可条件"等。农家客栈在经营中，要公示餐饮价格，供游客选择，安排菜单内容，严格执行标准规

定，菜肴安排合理，吃得开心。同时不定期对农家客栈从业人员进行业务、服务水平培训，提高服务水平，从而促进旅游产业化、规模化。倡导鼓励农户参与，通过政策补助、示范户带动等途径，引导农户积极参与农家乐、发展农家乐。

拓宽旅游空间，提升文化品位

方家岙村的休闲旅游格局已初步形成，为了提升产业化、规模化，今后的发展愿景主要表现以下两个方面：一是继续拓宽旅游景区，开发方家岙水库游览景点和石鼓岭古道，打通石鼓岭至大雷山登山道和大雷山双龙潭至西潭石壁游道；在方家岙水库坝下打造森林公园和儿童乐园，水库坝上打造樱花基地；通过土地流转，引资种植四季果园和农家有机菜园。二是挖掘整理乡村文化，提升文化品位。为旅游消费从单一观光等物质享受向多层次精神享受发展提供需求。方家岙村有着丰富的农业文化遗产，其中农耕文化、饮食文化、服饰文化、工艺文化及民俗文化蕴藏在民间，可供农业旅游开发和利用，并纳入发展农家乐的议事日程。与此同时，设立村旅游网站，传播方家岙乡村文化，并为游客提供相关旅游信息。

旅游信息

景区名称： 宁波象山县墙头镇方家岙村

农家乐电话： 0574-65810313

交通：

1.航班：

某地→宁波栎社国际机场→机场巴士（15元）或者出租车（约30元）→汽车

南站→象山。

2.班车：

A.宁波→象山：宁波南站→象山快客→象山客运中心；

B.上海→象山：沪太路长途汽车站/石龙路的上海南站/中兴路的客运总站→象山（丹城）汽车站车程5小时左右；

C.象山→方家岙村：象山客运中心→墙头方向中巴车→墙头镇下车。

3.自驾：

宁波——方家岙村：A.宁波栎社国际机场→沈海高速公路→甬台温复线高速公路→方家岙村；B.宁波→象山港大桥→象山收费站戴港下高速→向西往墙头方向→方家岙村；

杭州——方家岙村：杭甬高速→宁波绕城高速→甬台温复线高速→方家岙村；

上海——方家岙村：浦东→南浦大桥→内环高架路→沪闵高架路→沪杭高速公路→杭州湾大桥北岸接引线→杭州湾大桥南岸接引线→宁波绕城高速→甬台温复线高速→方家岙村。

住宿：方家岙农家客栈，联系电话：13968381110。

二维码：

专家点评

墙头镇方家岙村位于象山县西北部，东连丹西街道，南邻茅洋乡，西依西周镇，北濒西沪港。沿海国道主干线象山连接线穿境而过，交通十分便捷，直通甬、杭、沪等大中城市。经过几年的建设方家岙景区逐步成型，由雷竹基地、梦溪长廊、千年古桥、方家岙水库、美丽庭院、欧氏新祠、千年古道石鼓岭、百年古刹振声禅寺、登山健身基地大雷山和村内众多的古建筑民居等10个景点构成了一个集旅游休闲与健身养生于一体的山村旅游景区,仅去年一年就有5万名游客光顾此景区,环境、社会和经济效益都取得了不俗成绩。究其成功原因,主要表现在以下两个方面。

一是充分利用当地优势资源,如优美的山水、优质的空气和优秀的古建筑文化,开发出适销对路的旅游产品,即针对城市周边的地缘优势,开发出适宜于城市居民特别是中老年居民的休闲养生产品,从而赢得了较好的旅游市场。这样的开发理念与定位是其成功主要原因。

二是十分注重村里的基础设施和村容村貌的建设管理。自2010年以来,村里持续不断地投入巨资进行基础设施建设,全面实现了社会主义新农村的"美化、绿化、净化、亮化"四化要求,而且在景区管理上也卓有成效,如村内环境卫生实行村干部分片包户责任制,各户实行"门前三包"和庭院美化活动,在服务上实行"三安全"和"三开心"措施,不仅提升了村环境清洁美丽的质量水平,还使广大游客吃得安全、玩和开心。这是村级景区最难持续做到的,而方家岙村却做得很好、很有持续性,应该说这是最值得珍视的经验。

(浙江大学教授　周玲强)

21 避暑胜地　食疗养生

——安吉上墅董岭村

在董岭住，无需爬山，因为已经在山上。在董岭村你可以待上一年，因为每一季都有不同的特色，春有春雪欣赏，它下得那么轻快，下得那么认真，让行人驻足，让孩童欢笑，让文人垂思；夏天让你感受它的凉爽；秋让你感受它寂静的美；冬让你感受大雪封山、大风呼啸，放眼望去，是一片耀眼的白。

董岭村，位于浙江省安吉县上墅乡南端，海拔1300多米，常年平均气温22℃。与临安市毗邻，距上海约4个小时车程，距杭州约90分钟车程。近几年，董岭村以创建旅游示范村为契机，积极开展五水共治、饮用水工程、精品示范村培育等创建，从而进一步提升了董岭自然、生态、和谐的山村环境和独特的农家乐品位，全力打响"小黄山"、"大汉岭"等休闲旅游品牌，进一步丰富董岭休闲旅游项目，以更加开明开放的心态融入发展潮流。到目前为止，全村已正式开张营业的农家乐共82家，其中省级三星级农家乐为5家，共有床位3500余个。董岭村先后被评为中国美丽乡村精品村、旅游示范村等。

特产质优

山核桃、天目笋干、高山云雾茶等均为该村的著名特产。核桃仁含有较多的蛋白质及人体营养必需的不饱和脂肪酸，这些成分皆为大脑组织细胞代谢的重要物质，能滋养脑细胞，增强脑功能等功效；天目笋干有着助消化、增食欲、清凉败毒、助食开胃的功效；高山云雾茶有降三高（高血压、高血脂、高血糖）功效，味道很苦，泡出的茶水色青绿。

管理统一

为加强农家乐的规范管理，确定一名村干部负责农家乐的日常管理工作。与此同时，还成立了村农家乐协会、农家乐行业工会，负责协助各农家代办有关工商、税务、卫生、消防等证件,从而使各经营户都能够依法营业。近两年,随着农家乐的发展规模越来越大,为进一步提高服务质量,董岭村农家乐协会曾多次邀请乡农家乐服务中心前来指导,现场解答农家提出的疑问,取得了良好的效果。此外,还举办了数场以餐饮、卫生、安全、住宿、礼仪等为内容的培训课程,受到了农家的一致好评,也使农家乐品质较以往有了很大的提升。

设施完善

2014—2015年间,董岭村为创建旅游示范村,进行了整体规划,建造了门楼、景观挡墙、集散中心、停车场等公共活动场所,与此同时,还对农户的房前屋后环境进行集中整治,在绿化、亮化方面进行了较大的改动。此外,村里还建造了自行车环行道。

环境干净

全村范围内共建造两座垃圾收集房,并在各自然村设置了移动垃圾箱,配备了专门的保洁人员进行清扫。现在,董岭村农家乐全部建有湿地污水处理池,做到生活垃圾进垃圾箱,再由专门的垃圾清运工运往乡垃圾中转站,大大提升了村庄的整体面貌和品质。

休闲度假避暑胜地

整治董岭村自然人文资源,以避暑胜地为主题,结合现有80多家农家乐,通过乡村旅游示范村建设提升村庄整体环境,完善乡村旅游配套设施,借助上墅乡风情小镇建设的契机,打造安吉县乡村经营示范村,把董岭建设成休闲度假避暑胜地和美丽乡村游的旅游目的地。

旅游信息

地址： 安吉县上墅乡董岭村

电话： 0572-5505071

村内农家乐： 七十二峰农家乐、望云宾馆等80多家农家乐。

附近景区： 浙北大峡谷、小黄山、大汉岭。

交通： 距安吉县递铺镇38公里，距上海约4个小时车程，距杭州约1.5个小时车程。

二维码：

专家点评

我国医学在长期的实践中，在饮食治病与防病方面积累了丰富的经验。上迄《黄帝内经》、《神农本草经》，下至后世的本草书籍《名医别录》、《本草纲目》等记载了大量治病、防病、养生皆宜的药用食品。饮食营养不单是维持生命活动、机体生长发育的重要物质基础，而且以饮食为药饵，防病治病的功效与药物有异曲同工之妙。在乡村旅游快速发展的大背景下，安吉上墅董岭村灵活地运用我国的中医药学理论，以开办农家乐为载体，把本地产的山核桃、天目笋干、高山云雾茶等天然食材的药用价值发挥到了极致，打造出不可复制的核心竞争力，吸引了大批来自四面八方的游客，走出了一条乡村养生旅游的康庄大道。

（浙江旅游职业学院教授　康保苓）

22 天然氧吧　养生福地

——绍兴柯桥区玫瑰休闲山庄

会稽山腹地，四季美景，次第到访。春日晴暖，或走访茶山，看绿蕊吐新；或拾级而上，于翰墨堂前泼墨挥毫。盛夏之际，赏荷塘月色，享清风徐来。秋风乍起，柿子梨子挂满枝头，一派丰收景象。数九寒天，煮一壶香茗，邀一二好友，望窗外群山，银装素裹，分外妖娆！这就是玫瑰休闲山庄会带给你的全感官享受。

玫瑰休闲山庄，位于王坛镇南岸村，地处绍兴市柯桥区南部，会稽山腹地，东邻上虞，南接嵊州，距市区35公里，32省道穿境而过，交通便捷。景区总占地面积约27公顷、建筑面积约4000平方米，是一个集休闲观光、聚餐游玩于一体的好去处。目前，玫瑰休闲山庄已成功创建为国家AA级景区、三星级特色主题酒店、2015年度浙江省老年养生旅游示范基地。

依托优势资源,打造养生旅游品牌

南岸村周边,群山环绕、气候宜人,堪称一个"天然氧吧",是一块天然的养生福地。近年来,在王坛镇政府和当地群众的支持下,积极推动旅游与老年养生产业融合发展,开发出休闲区、娱乐区、生态区等三大功能区块,着力打造以玫瑰休闲山庄为基地为核心的休闲养生文化旅游区。为此,镇政府根据上级的相关养生旅游创建要求和标准,专门成立了玫瑰休闲山庄养生旅游基地创建工作领导小组,切实制订了详细的工作实施方案,对基地内主要景点设施、旅游资源和周边环境进行保护性开发,积极打造以玫瑰为特色休闲养生的旅游品牌。与此同时,镇政府将玫瑰山庄申报省级老年养生基地的工作列为重要工作来抓,从人力、物力和财力上给予全力支持,在较短时间内成功创建为浙江省老年养生旅游示范基地。

景点开发区块划分、疏密有致

为更好地推动王坛镇旅游业的快速、健康发展,切实发挥玫瑰休闲山庄基地旅游资源价值,力争打响基地的旅游品牌,镇政府实施区块划分、疏密有致的策略,开发出各具特色的五大景点:犹如桃花源入口的"牌楼夕照";依山而筑的市文艺家采风基地"翰墨堂";清新自然的"茶山访翠";风韵雅致的"清塘荷韵";充满浓郁蒙古草原风情的"敖包相会"。各景点之间布局合理,疏密有致,集观赏性与休闲性于一体,自然景观与人文情怀相辅相成。游客在这里既可享受世外桃源般的美景、呼吸清净的空气，也可在这里采茶、垂钓、吟诗作画和泼墨挥毫，还能一饱口福，品尝独一无二的玫瑰盛宴。总之，自然与人文在这里和谐融合，游客在这里可以体验一把农庄休闲与养生的快乐。

基础设施与服务管理不断提升

为持续改善基地的"短板"，玫瑰休闲山庄在完善基础设施建设的基础上，着力提升基地的服务水平。2015年已投入资金200万元，进行园林改建、大堂装修、开辟山道、客房卫生设施配套等措施，同时完善基地导引标识系统，为每个游览点都设立标识牌，对区内游步道进行了拓宽和修整，警示线明显。基地内公厕做到专人保洁，垃圾实行袋装化管理。在旺季时，又增加临时垃圾投放点。基地内设有消防设施，并成立义务消防队伍。基地分设停车线、分车停车区、回车线等，并安排专人值班管理，以方便游客进出。目前，玫瑰休闲山庄有客房48间，会议室2处及其他餐饮娱乐设施，日接待能力400余人。与此同时，基地还以"安全、有序、优质、高效"为目标，规范服务标准，完善应急体系，加大投诉查处力度，增强服务意识，打造规范的服务体系，不断完善质量、营销、导游、卫生、环保、统计等规章制度，同时根据不同岗位的工作要求，每年定期组织服务人员开展业务技能培训等措施，有效提升了基地的管理与服务水平。

打造"慢生活"养生旅游基地

目前,玫瑰休闲山庄在王坛镇旅游发展总体规划中被列为重点开发建设项目。把玫瑰休闲山庄打造成养生旅游基地不仅有利于文化的多元发展,也有利于促进镇旅游规划建设水平和服务质量的全面提升,同时对带动镇域旅游业的发展都会产生积极作用。2015年4月,作为当前绍兴唯一自带农庄配套的高端别墅项目——蓝天玫瑰园玫瑰农庄建设正式启动。农庄总面积约2万平方米,不仅为业主预留了充足的亲子耕种体验区,还将是绍兴远近闻名的婚纱摄影基地和举办草坪婚礼的理想场地。农庄建成后将为玫瑰园业主提供了一种放松身心、回归田园的空间,营造一种"快城市,慢生活"的居住体验,成为柯桥市民周末休闲度假的新选择。

旅游信息

景区地址: 绍兴县王坛镇南岸村S212

咨询电话: 15372565822

投诉电话: 18888721779

急救电话: 85787799

景区住宿: 玫瑰山庄

交通:

1.杭州萧山国际机场:行车约90分钟、约76公里到达玫瑰山庄。

2.绍兴站:行车约50分钟、约32公里至玫瑰山庄。

3.上虞站:行车约50分钟、约51公里至玫瑰山庄。

专家点评

地处会稽腹地的玫瑰休闲山庄，是一座集住宿、休闲、旅游于一体的养生庄园，曾在此住宿过的网友赞评道："五星级的环境，青年旅舍式的服务。不是说服务不好，老板、前台及工作人员都很nice，服务和房价还是配套的。但是酒店环境之好，五颗星都不够啊，物超所值。感觉自己住进了公园里，比起那些五星酒店的游泳池啊健身房什么的，个人更喜欢这种亲近大自然的环境。酒店很有文人气息，山上种了各种果树，我们毫不客气地摘了很多杨梅。感觉就连古代文人也会选这里避暑、写意、隐居……"

如此好评，绝不是虚夸，而是基于玫瑰山庄做到了"三好"。一是好环境，这里山清水秀、空气清新、花果飘香，是一处天然的养生福地；二是景致好，这里有"茶山访翠"、"清塘荷韵"、"牌楼夕照"、"翰墨风雅"、"敖包相会"等迷人的景色，既可登山赏景、呼吸清新空气，也可品茶、垂钓或泼墨挥毫，还能一饱口福，品尝山珍野味；三是设施和服务好，庄园建筑古色古香，游览道路洁净安全，导引标识清晰醒目，公共厕所专人保洁，应急机制完备有效，服务流程规范标准，服务水平堪称一流。正是这"三好"成就了玫瑰山庄的火暴人气与良性发展。

（浙江大学教授　周玲强）

浙江省养生旅游范例

23 美丽赵家 山水东溪

——诸暨赵家镇东溪村

　　两边是青山高耸，脚下是溪水清流，冬天的诸暨东溪村，村里行人三三两两，悠悠地走着，在冬日暖阳下，这里连空气都感觉懒洋洋的。东溪村坐落在诸暨赵家镇的香榧森林公园内，从鼎鼎有名的枫桥镇过来，走枫谷线大约8公里，就能看到一块高大的石牌坊，上面写着"香榧公园"，东溪村就在公园入口处。走进村子，房子是统一的白墙外立面，窗边是粗黑的框，就像一幅江南水墨画。

东溪村，位于诸暨市赵家镇的会稽山麓，平均海拔500米，由皂溪、丁家坞、张家坞3个自然村组成。全村现有农户689户，人口1979人，区域面积10.447平方公里，是一个山多地少的地方。其中山林面积占70%，耕地面积52.2公顷，水田26.87公顷，茶园61.2公顷，樱桃35.3公顷，是诸暨市有名的樱桃专业村和茶叶专业村。东溪村村风文明安定，村道宽敞明亮，村容整洁秀丽，是休闲度假养生养老的旅游胜地，于2012年成功创建老年养生旅游示范基地。另外，东溪村还先后获得浙江省"农家乐"特色村、浙江省林富民示范村、绍兴市级生态村、绍兴市环境卫生先进集体、绍兴市卫生村、诸暨市科普村、诸暨市共青团绿化示范村等多种荣誉。

宜居宜业宜游——老年养生旅游新范式

东溪村作为老年养生旅游示范基地，是基于一流的空气、天然的景观、独特而丰富的人文资源。世界农业文化遗产、全国最大的国家香榧森林公园位于村境内，并以"古榧奇姿、林茂树古、佳果名茶、阶梯十景"著称，相传越王践曾在此卧薪尝胆、操练兵马。东溪村牢牢紧抓香榧森林公园整体开发的有利机遇，发挥园内地理优势，走出了一条发展特色农业和乡村旅游的富民之路。

一是村庄景区化。本着"宜居宜业宜游"的理念，东溪村完成了美丽乡村建设、精品示范村建设。另又投资120万元完成亲水栈道和山体游步道；投资180万元完成景观节点建设：改造古樟树林公园，提升古樟林古桥景观，增设休憩廊3座及观景亭2座，安装古朴景观灯，增设索桥等。二是农家乐养生旅游化。农家乐是老年养生旅游的起点和重

要抓手,从2007年发展至今,集休闲、度假、疗养等功能于一体的休闲山庄和农家旅馆35家,床位400多张,餐位1000多个,累计接待游客15万多人次,实现年旅游收入2000万元以上。已初步形成了以"游榧乡美景,观千年榧林,品天赐珍果,过农家生活"为特色的养生主题。三是种植农业休闲体验化。东溪村有茶园61.2公顷,樱桃35.3公顷,桃子、柿子、杨梅、猕猴桃等四季水果若干。利用"樱桃节"和"香榧节"的东道主优势,将樱桃采摘与乡村文化活动相融合,进一步丰富了农业观光、休闲采摘的内容,进一步做好了农业休闲体验旅游的大文章。

以配套设施建设推动养生旅游环境总体提升

为逐步改善村休闲旅游环境,东溪村在前几年已投入350多万元的基础上,

又投入68万多元,完成了东张坞停车场和皂溪休闲公园的两大项建设,缓解了农家乐基础设施方面停车难问题,增加了农家乐休闲旅游配套服务设施。2010年东溪村为进一步发展农家乐休闲旅游,投入45万元,对公路两侧进行全面绿化,并对村前黄檀溪江进行综合整治,修建堰坝6条,使东溪村清澈的溪水更加美观。

村社区服务中心内设医务室,一名全科医生,配备老年人常用药品和医疗器械,包括老年人常用的急救药品、轮

椅、担架等，并与赵家镇卫生院建立了良好的应急合作机制，制订应急预案。村内配备老年人必需的扶手、护栏、拐杖；各类场所的地面设有防滑等安全设施；各类从业人员经过卫生、安全和应急处置的培训。道路安全设施和交通指示牌规范、充足、完好，并定期开展"敬老文明号"创建活动，形成长效机制。

全面提升管理与服务水平，提供高水平养生旅游产品

一是加强培训。在农家乐经营户的经营理念、服务意识、行为规范、生态保护等方面开展培训，坚持以农家乐经营户经营业主为主要培训对象，开展多层次、多渠道、多形式的农家乐培训，在抓好食品卫生、餐饮厨艺、管理知识等培训的同时，着力抓好消防安全、诚信经营和礼仪道德等方面的培训。每年投入5万元，分期举办培训班，邀请专家对农家乐经营户进行樱桃种植技术、农民厨师等方面进行技能培训，提高农家乐经营户的整体服务水平和综合经营能力，以适应不断变化的生态旅游环境。

二是提档升级。东溪村在发展高端民宿、基地型农家乐上狠下工夫，努力提高休闲旅游业的规模和档次。为保证农家乐健康有序发展，改变"吃吃饭、打打牌、采采果"的传统农家乐局面，专门编制出台专项规划，明确农家乐产业的发展方向，并利用农家乐协会和服务公司，拓展客户市场，引进客源。大力打造以生态观光、时尚休闲、康体养生、娱乐度假为主要内容的老年养生休闲度假旅游精品。

今后，东溪村将加快创建休闲度假中心。以"东溪村—宣家山"一线进行首期重点开发，计划在东溪村现有建设基础上，进一步提档升级，建设成一个"创意东溪"AA级的行政村旅游区。配合镇政府启动40公顷的"东塘—东溪"养生休闲度假核心区建设，全面展示乡村的美丽——生态美、天美、山美、水美、田园美、建筑美、庭院美、言语美、行为美、心灵美，让城里人从现在的悲情"乡愁"中体验柔软的"乡梦"。

旅游信息

地址：浙江省诸暨市赵家镇东溪村

自驾：

上海→沪昆高速→杭州湾环线高速→沪昆高速→常台高速→绍诸高速→东溪村；

杭州→杭甬高速→杭州绕城→沪昆高速→诸永高速→绍诸高速→东溪村。

二维码：

专家点评

  独特的人文、天然的景观，丰富的物产使诸暨东溪乡村休闲旅游蓬勃发展，全村以茶叶、樱桃、农家乐旅游为主要产业，逐步形成了以"游榧乡美景，观千年榧林，品天赐珍果，过农家生活"为主题的旅游产业。东溪作为浙江省"美丽乡村"的突出代表，无论从资源、环境、配套等方面都有着发展旅游业的巨大优势，近年来也在民宿建设、农村休闲旅游等方面走出了一条新路。在这样的基础上，东溪建设老年养生旅游示范基地也同样具备了优越的条件。结合诸暨、赵家乡村旅游的特点，东溪发展老年养生旅游应从以下三个方面打开突破口：

  一是建设系统性的培训体系。与东溪目前的传统农家乐、民宿不同，开展老年养生旅游缺少的并是资金、硬件条件，更重要的是旅游服务、卫生医疗、养生保健等多领域的知识和技能。所以，为了发展老年养生旅游，应该首先对从业人员开展相关培训，甚至应尽量将全村人都纳入培训中来，给他们讲解什么是养生旅游、养生旅游的类型、老年人旅游心理等基础性知识。

  二是以专业公司弥补宣传推广短板。民宿，尤其是以养生旅游为特色的民宿如何吸引消费者？这确实是经营者所必须解决的大问题。目前，赵家镇成立了专业的景区服务公司开展了消费者调查、市场调查和整体营销等工作。未来，此类专业化公司的职能应进一步强化，并在服务过程中及时收集客户反馈的意见，对所有经营者提出标准化建议，不断修正不合理的地方，不断提高养生旅游服务水平。

　　三是进一步挖掘文化资源。东溪坐拥区位优势、产业链优势、资金优势，然而在文化的深度挖掘方面依然存在缺陷。而对中老年旅游市场来说，文化氛围、文化产品构成了重要的旅游吸引力。东溪要在美术、音乐、历史等文化领域形成一些产品点，进而形成文化产品线。

（浙江旅游职业学院副院长、教授　周国忠）

浙江省养生旅游范例

24 高山零污染　天然氧吧村
——绍兴上虞东澄村

天蓝得很通透，太阳和羽毛似的白云静止不动，山风吹到皮肤上，凉凉的，像一个善解人意的少女，轻柔而羞涩地迎上来。我迎面向风，聆听着溪水从石阶和房子缝隙间顺流而下的声音，很细、很轻。

东澄村，位于绍兴市上虞区岭南乡，海拔861.3米的覆卮山腰上，占地面积2.64平方公里。周边自然地理区域特征鲜明，自然生态景观特色各异，拥有冰川石浪、千年梯田、百年古屋、"四季仙果之旅"樱桃基地等优质旅游资源。农户自家种的蔬菜、大米，自家养的家禽，成了最具特色的养生美食；"攀浪项目"、"自行车绿道"、"梯田慢道"、"游步登山道"等，吸引了大批休闲运动爱好者；而当地森林面积71.4%的高覆盖率，让周边的一切都存在于原生态环境之中。森林中的负氧离子是形成"天然氧吧"的必要条件，因此东澄村还有"天然氧吧"的美誉。地质学家韩同林教授及原浙江省委副书记、省长吕祖善都曾来此一游。2013年该村所在的覆卮山景区创建成为国家级AAAA景区，被国内主流媒体竞相报道，特别是被央视《朝闻天下》栏目采编，吸引了更多的游客。如今，东澄村被评为浙江省旅游特色村、浙江省级历史文化村、国家级生态环保村等。

配套设施完善，可进入性好

基地内现有生态公厕10个，生态停车场6个，登山游步道13 500米，自行车绿道21公里，四季仙果采摘基地4个，农家乐及民宿15家，共计100余个床位，300余个餐位，并配有老年人扶手、护栏及地面防滑处理。到达基地交通便利，从上虞北站开车50分钟，从南站开车40分钟，从上三高速章镇道口下开车20分钟即到，2015年投入1200余万元修建通村道路，并于同年12月开通直达公交。

医疗条件较好，民风人文和谐

基地与岭南乡卫生院订立了良好的应急合作协议，并制订应急预案；基地内设医务室，配有1名卫生院全科医生及一些老年人常用的急救药品、轮椅、担架等物品。基地内村民淳朴热情、长寿安康，每年樱桃季开展"仙果孝亲"活动，社会影响较好。

环境食宿卫生，安全责任落实

基地内各农家乐及民宿整洁卫生、设施完善，食品卫生达到省B级以上；基地内配有垃圾减量化处理设备，垃圾收集率和无害化处理率达100%。基地配有安全巡查队，分片负责，认真执行有关安全法律法规，各类从业人员均经过卫生、安全和应急处置的培训，社会治安较好。

当地政府重视，指导监管有力

近年来，当地政府积极投入资金用于基地内各项配套设施建设及改善，并对基地内各经营点的旅游安全、食品卫生等加大监管，定期检查，提出整改，并指导整改落实。

打造长三角山地型深度旅游目的地

未来，该村将试点发展民宿经济，加大生态环境保护力度，以石浪景观、梯田景观为主体，古村风貌、红色记忆、民居民宿为点缀，苍山奇峰为骨架，将市场、需求、资源、区位等各种优势整合成独特性市场卖点，通过"核心力竞争产业布局、旅游项目时空配置"的方式，将该村建设成为集山林梯田观光、古村生活体验、万年石浪攀岩、四季仙果采摘、红色记忆追叙、山野民宿体验、休闲度假旅游等多种功能于一体的长三角山地型深度旅游的终极目的地，现代城市居民向往的精神归属家园。

旅游信息

地址：绍兴市上虞区岭南乡

电话：0575-82911628

附近酒店：东澄山庄、覆卮山居、其他民宿。

附近景区：覆卮山景区、中华孝德园、海上花田景区。

交通：距上三高速公路上虞章镇进出口20公里、上虞汽车西站40公里、上虞火车站40公里、上虞北站50公里。

专家点评

乡村采摘体验游是以采摘园为平台，充分发挥其观赏效果及景观特性，以休闲、求知、观光、采摘为载体，使游览者获得身心健康、知识增益的同时，又能增强热爱自然、保护环境的意识，是融自然性、文化性、参与性于一身的旅游活动。经营者把旅游、度假、游览、文化娱乐活动结合起来，由提供单一的旅游观光转向提供集观光、采摘与度假为一体的旅游产品，形成了一定的市场规模。这些年，这种鲜果采摘游在浙江发展得非常兴盛，绍兴上虞东澄村的高山樱桃基地开发，正是迎合了这一旅游发展趋势，赢得了游客的喜爱。此外，东澄村旅游开发之所以成功，其所依赖的资源并非单此一种，其他还有高山有机蔬菜、大米、家禽等良好的食材，零污染的优质空气，"攀浪项目"、"自行车绿道"、"梯田慢道"、"游步登山道"等休闲项目。它是多种优质旅游资源综合的结果。

（浙江旅游职业学院教授　康保苓）

25 湖畔之花 山水人家

——磐安玉山镇向头村

这是一个位于磐安玉山镇的古老山村，海拔500米以上，夏季平均气温22℃。村后果树满山、翠竹连片，游客们可以去果园亲自采摘水果，到竹园体验挖笋乐趣。村前就是皇城湖，可以进行垂钓、水上娱乐等活动项目。这里风景秀丽、气候宜人，是一个享受清凉世界休闲度假的绝佳去处。各位游客朋友可携带家眷或三五好友前去避暑纳凉！

玉山镇向头村地处素有"群山之祖，诸水之源"之称的金华市磐安县东北部，位于婺、越、台三州交界处的皇城湖畔，具有"一脚踏三地，一眼望三州"的地理优势。村旁边有一处国家重点文物保护单位——玉山古茶场，村周5公里范围内还有夹溪十八涡、舞龙峡、水下孔等景区、名胜区。

向头村已有300多年的历史，全村现有农户142户、人口372人，耕地总面积278亩，山林总面积18.5公顷，茶叶总面积15公顷，农产品以茶叶、茭白为主。整个村子坐落在海拔520米的玉山台地之上，气候温暖湿润，年平均气温14.3℃，夏天平均气温22℃，风景秀丽、气候宜人、背山面水，是一个休闲养生的绝佳去处。

向头村于2009年创建农家乐。截至2015年底，有农家乐经营户43家，床位数900多个，餐位2000多个。2015年度接待游客10多万人次，营业额为600多万元。向头村曾先后荣获"省级绿化示范村"、"省级农家乐特色村"、"省级旅游特色村"、"省级森林村"和"磐安县十大特色旅游村"等称号，成了名副其实的"湖畔之花，山水人家"。

青山绿水，农家乐园

向头村所在的玉山镇是"全国环境优美乡镇"和"省级生态镇"，且物产丰饶，生态龙井茶、高山蔬菜、中药材、水果等异彩纷呈。当地民风淳朴、勤耕好客，社会人文环境优越，生态环境优势突现。经监测，该区域负氧离子含量达到3级标准，空气质量达到一级标准，噪声质量符合康复疗养区等特需的0类声环境功能区要求，地表水环境质量达到I类标准，饮用水各项指标符合当地检测标准，污水排放达标。优美的自然环境非常适合老年人旅游休闲养生。

向头村整个村落被皇城湖半包围，三面环水，一面背山，风光独特，东、西、南、北各有特色：东面有葡萄、猕猴桃水果园；西面有铁皮石斛采摘园；北面有观光毛竹园；后山正在建设千亩台湾儿水果观光园。村庄建设主题为自然天成，山水和谐，集生态观光农业、休闲养生旅游、农家乐于一体，利用皇城湖水域优势，推出休闲垂钓、水上娱乐等系列活动，建成"青山碧水、农家乐园"，让乡村别墅与大自然完美融合。

向头村村后果树满山、翠竹连片，游客可以自便参与采摘水果、挖笋取乐。湖边垂钓、水上娱乐等活动，还可品尝到农家特色菜：土鸡煲、家常豆腐、红烧鳝鱼、菜卤豆腐煲、香醇玉米羹、萝卜干腊肉煲等，也可从农家购买原汁原味的土特产：香菇、茶叶、霉干菜、笋干、金银花、野菊花、葛粉、猕猴桃、米仁等。

管理规范，服务优质

为了规范农家乐管理，向头村投资150万元建立游客接待中心，对全村的农家乐经营户实行"四统一"管理模式，即统一对外促销、统一接团分客、统一收费标准、统一结算账目。

具体做法是，由村两委和服务中心统一制作宣传资料、开展对外营销；团队游客由服务中心按照门牌号先后按顺序统一安排；收费标准、餐饮标准由服务中心统一制定；游客费用统一由服务中心收取，由服务中心与各户农家乐进行统一结算。服务中心按游客人次提取管理费用，以支付服务中心工作人员工资、村环境卫生保洁、治安巡逻管理等费用。与此同时，村里还成立了农家乐服务中心，设置专人加强管理，努力提高服务质量和水平，解决矛盾纠纷，制定了接待服务规范、清洁卫生规范、安全保卫规范、旅游安全制度、监督投诉奖惩办法等一系列规章制度。全村的农家乐经营户都加入服务中心，在开办和经营过程中享受各项优惠扶持政策，接受服务中心的管理和监督。服务中心作为向头村农家乐发展的协调管理机构，树立"服务就是品牌"的理念，工作人员目前有村党支部书记、村委会主任及会计、出纳4人，在实际工作中扮演了事务协调员、旅游宣传员、游客服务员、矛盾纠纷调解员甚至导游等多种角色。

政府重视，监管有力

磐安县委、县政府将旅游作为"一号产业"加以扶持，出台了一系列政策、规划。县有关部门和乡镇在面上扶持引导的同时，对向头村进行了更加周到细致的培育，指导村里在硬件和软件上加以提升。县政府和农办、旅游局、玉山镇政府领导组队，多次会同村干部到上海、杭州等地及周边县市走访联系旅行社，开展宣传促销，在开展"旅行社老总踩线"、"上海茶文化旅游节"、"长三角旅游风情展"等宣传推介活动时，都将向头村农家乐作为宣传重点。相关部门在《江南游报》、《华东旅游报》、《江南晚报》、《上海旅游时报》及周边县市的报社、电视台等投放旅游广告，宣传介绍向头村农家乐，提高向头村的知名度。公安、工商、卫生、安监、质监、旅游、农办等部门各司其职、各负其责，密切协作、配套联动，加强对向头村日常经营管理的指导与监督，在旅游安全、市场秩序和食品卫生等方面进行重点监督，努力实现旅游市场"安全、健康、质量、效益"四统一的目标。

打造乡村休闲养生旅游品牌

向头村将进一步打造乡村休闲养生旅游品牌，力争办出特色，不断做强做大。主要举措有：一是依托皇城湖，打造更多游客体验项目，增强村庄的可观赏性，吸引更多游客。继续完善水库周围的休闲娱乐设施，包括游步道、游船码头、廊桥等设施。游步道设计环湖一周及流入村子的灵溪两旁，以方便游客休闲体验。登山道建设也在计划中，以供游客登山休闲、舒展筋骨，缓解工作及生活压力，达到颐养身心的作用。二是大力发展水上娱乐项目，购置游船和漂流船，依托灵溪流域开发漂流项目，在村前皇城湖开发游船及垂钓等活动，把"水上活动"作为向头村的旅游特色加以推广，力争把向头村建成磐安的"水上乐园"。三是加快台湾千亩有机水果园的建设。千亩台湾儿有机水果园的建设完成将是向头村旅游的一大亮点，也有利于发展向头村的经济。

旅游信息

地址： 浙江省磐安县玉山镇向头村

交通： （1）自驾：①诸永高速磐安互通口下，沿S219（旧）往磐安方向走，到达云山后右转，往墨林方向走，经过墨林隧道后左转，沿磐新公路往尖山方向走，经窈川乡、尚湖镇、万苍乡，到达玉山镇向头村（磐新公路旁），路程大约45公里左右。②上三高速双彩互通口下，沿磐新公路往尖山方向走，经新昌县新天乡、回山镇、安顶乡，磐安县胡宅乡、尖山镇，到达玉山镇向头村（磐新公路旁），路程大约30多公里。

（2）公交：磐安恒风客运中心至尖山车站：每天从6:00~17:00有20个班次路过玉山镇向头村。尖山车站至磐安恒风客运中心：每天5:30~17:00有20个班次路过玉山镇向头村。

住宿价格： 包吃住，一天不低于70元/人。

网址： http://www.patour.cn/

联系电话： 13706790207

二维码：

专家点评

磐安县曾是浙江省少数几个贫困县之一，但经过几十年的艰苦奋斗，现已走上脱贫致富的道路。玉山镇向头村地处磐安县东北部，距县城50公里，交通十分便捷。向头村不仅山水资源丰富，是浙中著名的茶叶和中药材产地，而且还是一个人文底蕴相当丰厚的古村落。全村人皆姓周，系北宋著名学者、理学家周敦颐之后裔，教育和理学之风长盛不衰，传说故事悲壮动人，皇城湖畔的"大兴"古国遗址至今尚存。如今的向头村人正是在这丰厚的自然与人文资源基础上，开发与建设起一个旅游、休闲与养生三位一体的古村落景区，成为浙中山区乡村脱贫致富的典型案例。

向头村旅游开发之所以成功，除政府的支持和较为丰富的自然与人文资源外，特别值得珍视的是"四统一"经营管理模式，即：统一对外促销、统一接团分客、统一收费标准、统一结算账目的实施。这一模式的推行，不仅避免了农家乐经营户之间的无序竞争及由此带来的利益纷争和环境资源的破坏，而且能凸显村的整体形象，起到良好的宣传营销效果，从而保证了村集体与村民的整体利益及利益平衡，使村集体经济和村民个体收益始终处在可持续的良性循环之中。这对正处于乡村旅游开发之中的广大农村具有现实的指导与借鉴意义。

（浙江工商大学教授 郭鲁芳）

26 避暑胜地　浙中承德
——磐安尖山镇管头村

江南水乡不光是临河而建的秀美小镇，还有散落在山间的石头村，质朴野趣。石头冰冷，但石头村被岁月浸润得很温暖！相较喧嚣的大理古城，管头村显得更加质朴；相较市井乌镇，管头村显得更加有野趣。

下编　老年养生旅游示范基地

管头村隶属于磐安县尖山镇，位于磐安、新昌、天台三县交界处，占地面积2.2平方公里，距县城48公里。管头村古民居房屋墙体采用2亿年前火山喷发形成的黑色玄武岩砌成，以黑色玄武岩砌墙为主，集古屋、古井、古树、古塘、古韵于一体。村内植被丰茂，群山环抱，森林覆盖率达90%，年日照时数为1715.9小时，夏季平均气温26℃，被旅游专家誉为"浙中承德"，有"夏都"之称，是避暑休闲的好地方。村内的特色旅游互动性项目有茶叶采摘、挖竹笋、田间种菜、水果采摘、莲子采摘等。特色土特产有香菇、茶叶、霉干菜、笋干、金银花、野菊花、葛粉、猕猴桃、米仁等。管头村自2005年创建农家乐以来，已有农家乐经营户90家，床位2600多个，餐位4450个。目前，管头村被评为国家级文明村、省特色旅游村、省精品农家乐村、中国传统村落、中国"美丽乡村"创建试点乡村、浙江省全面小康建设示范村、浙江省历史文化名村、浙江省农家乐特色村、浙江省旅游特色村、金华市十大魅力村庄等。管头村深受游客欢迎，仅2015年，接待游客就达30多万人次，营业额达3000多万元。

因村制宜，凝练特色

管头村老村360多间房屋清一色以黑色玄武岩（俗称"乌石"）为墙体材料，盖以黑色土瓦，围成一个个完整的四合院。管头村村庄整治工作开展较早，按照"留老村、建新村"的整治思路，乌石老屋被完整地保留了下来，成为省内保存较为完好的古建筑群之一，成为发展农

家乐的独特景观和文化资源。经过规划，在老村边成排成片地新建起具有浓厚农家气息、生活设施齐全的别墅群，形成新村和老村毗邻相依、功能互补的格局。目前已成功打响了"住乡村别墅、吃山野土菜、游夹溪胜景、赏台地风光"的牌子。

借势出牌，打造绿色生态

管头村充分利用乡野自然、空气清新的生态优势，打出绿色生态牌，有意识地利用周边30余公顷成片的高山茶园和竹林等，"纳秀水青山于眼底"，使之成为农家乐游客的养眼养生资源。在离管头村几公里范围内有十八涡、花溪、水下孔等景区，管头村充分利用丰富的旅游资源，与景区抱团营销，费用共摊，互送客源，丰富了管头村农家乐的内容，充实了客人的休闲生活，也为周边景区带去了游客，实现了农家乐和景区的互利共赢。同时，加大与周边东阳、新昌、天台等1小时交通圈内县市风景旅游区的联系与合作。

因客所需，完善配套

近几年来，管头村服务跟着游客走，坚持贴近生态和自然、尊重历史和特色的原则，以整洁、舒适、休闲为

要求，争取上级资金支持和村级自筹，加大资金投入，实行高标准分期分批梯度开发，每年安排1~2个重点建设项目，加快服务设施配套建设，优化村庄旅游环境，完善旅游设施和功能，提升全村整体形象。

因人而异，规划客源市场

农家乐创办之初，管头村干部就把目光瞄准了上海旅游市场，在积极参加市、县组织的旅游推介活动的同时，主动开展了多种形式的农家乐宣传促销活动。目前，管头村已与上海多家知名旅行社建立了长期业务关系，"吃农家饭，住农家楼，游真山水"的管头农家乐生态休闲旅游受到了上海旅行社和市民的青睐。目前，已经拓展了苏州、无锡、杭州、宁波、台州、绍兴等地及周边县市区的市场。

"效益、品牌、服务"三提升

管头村将内提品质、外拓市场，吸引更多游客到管头村旅游，并努力使游客住得更舒心、吃得更放心、玩得更开心，争创AAA级景区，做到"效益、品牌、服务"三提升，让村集体收入和农民收入有提高，让管头农家乐的品牌更响亮。一是提高接待能力，通过开发凤凰新区，用5年时间，将接待床位由目前的1500个增加到5000个，同时，对农家乐经营进行进一步规范和提升；二是开发利用乌石老村，对乌石老屋进行全面的收拾、清洁和整理，使乌石老村从单纯的保护过渡到保护、开发、利用并重，基础设施不断完善。

旅游信息

地址： 浙江省磐安县尖山镇管头村

电话： 13706791915，1868908915

住宿： 管头村农家乐、陈界村农家乐、向头村农家乐、廷潭岗村农家乐、金砖大酒店、翠竹居山庄等。

附近景区：十八涡景区、舞龙峡景区、水下孔景区、玉山古茶场。

交通：距诸永高速公路磐安互通口50公里、上三高速双彩互通口20公里。

二维码：

专家点评

管头村养生旅游之所以取得成功，除与其拥有得天独厚的自然条件和丰富的物产有关外，还有两个方面的做法值得肯定：一是建立"四统一"管理服务模式，即为避免农家乐无序竞争，管头村以服务中心的名义，对农家乐实行"四统一"管理模式：由村两委和服务中心统一制作宣传资料、开展对外营销；团队游客由服务中心按照门牌号先后按顺序统一安排；收费标准由服务中心统一制定，餐饮标准统一定为十菜一汤（每桌另赠一菜）；游客费用统一由服务中心收取，由服务中心与各家农家乐进行统一结算。二是以补贴和奖励的形式提升农家乐经营户的素质，即每年两次组织全村农家乐从业人员开展餐饮、卫生、接待礼仪等方面的培训，并组织50多人到浙江林学院、浙江旅游学院参加培训，培训费用全免，且给予参培人员误工补贴，对有一定档次的农家乐择优推荐申报全国或省级农业旅游示范点、A级旅游区（点）等，并对创建成功的旅游点按照不同级别给予一定的奖励。

（浙江旅游职业学院教授　金加升）

27 香飘七里　生态绿洲

——衢州柯城区七里乡

行走在衢州,要为七里乡而停留。这里的"七里乡"不是周杰伦的那首歌名"七里香",而是大山里的"生态绿洲"。坐着大巴,沿着盘山公路,一路欣赏沿途的美景。还没下车,游客就早已经陶醉在这眼前的美景当中。桃源七里风景区内有许多保存良好的古村落。这些古村落与青山绿水、粉墙黛瓦构成一幅幅恬静自如、天人合一的画卷。

七里乡地处衢州市区西北部，属柯城区，西与常山县新桥乡交界，东北与太真乡接壤，南与石梁镇为邻，东南紧靠九华乡。乡政府所在地大头村距城区33公里；七里乡是一个纯山区乡，属怀玉山千里岗山系。七里乡辖区总面积60.45平方公里，境内平均海拔650米，森林覆盖率达98%；七里乡下辖七里三村、桃源村、大头村、上门村、少岭坞村、沙龙村、治岭村7个行政村，64个自然村，全乡总人口5082人。

乡域内有浙江省首个以全乡域打造的国家AAAA级旅游景区——桃源七里景区，同时也是浙江省最大的AAAA级乡村旅游主题景区。2006年以来，七里乡（桃源七里景区）相继获得全国农业旅游示范点、全国环境优美乡镇、中国2015年度十大休闲养生度假胜地、浙江省旅游强乡、浙江省最美乡镇、浙江省生态旅游示范区等荣誉称号。

卓越、丰富的老年养生资源环境

桃源七里旅游景区面积30平方公里，森林覆盖率达98%，林间有万亩毛竹，境内平均海拔650米，夏季平均气温低于市区5℃~10℃，空气负离子峰值达8万个/cm³，极具保健功能。

景区由峡谷漂流区、七里寻古区、竹海观光区、蔬果采摘区等区块组成，香溪漂流、三仙圣地、三叠龙潭、竹海绿道、蔬果长廊等30余个景点遍布其中。在这里，竹海雄峰、香溪奇石的自然景观与白

墙黛瓦、古道人家的人文景观完美融合，小气候、原生态、农家屋、高山菜的山地乡村特色突显。来到桃源七里，游客可体验到集休闲、健康、生态于一体的全新生活娱乐方式，充分感受回归乡村田园的理想境界。

七里乡森林面积占总面积的96%，农田面积仅为2%。因此，"走生态路、吃旅游饭"成为七里人的致富法宝。七里农家乐从2005年的5家起步，经过10年发展，目前有农家乐经营户110户，可提供床位2800张。景区内村民人均年收入从2004年的1600元增长到2014年的超过15 000元。景区2015年接待游客62万人次，各项营业额3400万元，其中上海、杭州、金华等外地游客量超过40万人次。七里乡村休闲游在周边旅游市场上打出了名气，赢得了口碑。

保护优先成为压倒一切的核心理念

2004年之前，七里乡农民利用山区毛竹资源进行土法造纸，以腌制毛竹、加工低档生活用纸为生，竹料废水排入溪流，"有溪无清水、有水无鱼虾"是当时七里的真实写照。

为保护源头水源，乡政府痛下决心，关停了造纸厂，平毁全部腌塘，展开全面的环境治理，给七里乡传统支柱产业——毛竹造纸业画上了休止符，也给七里乡的环境带来了前所未有的改变，碧溪潺潺、鸟语花香重现山乡，也正是那10年的生态保护让如今的七里人吃上了旅游饭、走上了致富路。

农家乐带来的收益，让七里乡农民意识到"绿水青山"就是"金山银山"，从政府到个人都更加注重保护生态环境，禁止砍伐，涵养林源，保护动物，引进杜鹃、蓝莓、梅花等多种景观作物，七里乡实现着生态的良性循环。

严格管理是健康发展的有力保障

七里乡村旅游起源于农家乐，在农家乐集群快速发展的同时，也带来高客流引起的农村环境较差、农家乐环境较乱、服务意识较差、硬件设施档次较低和景区交通拥堵等问题。

下编　老年养生旅游示范基地

　　对此景区吸纳综合执法、市场监管、公安机关等职能部门入驻景区办公，通过开展集中行动，重点解决门前乱堆放、房后卫生死角、公路沿线堆放等突出问题；通过深化执法，对违章搭建予以拆除；通过发挥农家乐协会的行业管理作用，制定农家乐卫生清洁费收取方案，自我管理、自我发展；设立分类垃圾集中清运点，实施垃圾分类、集中清运；深化措施整治景区交通，完成景区内部交通体系的规划与运作管理等。通过整体的规范和治理，从2011年开始七里乡首创以国家AAAA级景区标准建设以农家乐为主体的乡村旅游景区，开启农家乐转型升级之路，实现了景区和农家乐的提升改造，所有这些工作对游客产生了极大的吸引力。

全域协调成为推进可持续发展的原动力

　　区域内由于地理、文化、历史等各方面的原因，许多方面存在发展不平衡的情况是客观存在。七里乡通过全域化景区建设，努力做好如下工作：一是做好经济水平的协调发展，通过区域产业功能划分，对乡内各村进行旅游资源开发定位，打造农家乐精品村、高山蔬菜专业村、山珍特产专业村、高端民宿集群区等。实现了因地制宜的发展和专业分工合作，从宏观角度实现了全域的协调发展。二是做好管理职能的协调发展。景区把旅游业作为全区域的核心产业进行打造，通过多部门协调运作，共同服务于旅游管理职能，确保景区全域化落到实处。各机构相互协调，整体运作，打破了以往各自为政，或者机构重叠等带来的一些问题，提高了行政效率，极大地方便了村民和游客。

旅游信息

地址： 浙江省衢州市柯城区七里乡桃源七里景区

交通：

（1）自驾：①杭州→杭新景高速→龙丽温高速→沪昆高速→S227→桃源七里；

②上海→沪昆高速→杭州湾环线高速→沪昆高速→S227→桃源七里。

（2）公交：衢州市区斗潭公交总站乘坐502路公交可直达景区。

网址： tyql.qz828.cn

微信公众号： 七里真好玩

热线电话： 0570-2985102

二维码：

专家点评

作为省内最大的乡村休闲旅游景区之一，桃源七里景区从一开始就确定了以农家乐精品村为龙头，以七里乡域为整体的"全乡域"发展模式，通过建设"零门票、全开放"的乡村休闲旅游景区，发展山区绿色经济、打造最佳人居环境，近年来又在养生旅游领域开始了新的尝试。七里乡得以实现乡村旅游的多领域突进，得益于如下三个理念：

一是规划先行。区域内由于地理、文化、历史等各方面的原因，许多方面存在发展不平衡的情况是客观存在。七里乡通过全域化景区建设，取得了经济水平协调发展的丰硕成果。通过区域产业功能划分，对乡内各村进行旅游资源开发定位，打造农家乐精品村、高山蔬菜专业村、山珍特产专业村、高端民宿集群区等，实现了老年养生的自然环境、产业环境、人文环境的全面成熟。

二是全面推进产业融合发展。在全域旅游的时代背景下，乡村旅游不再是传统的与景区无关的简单农家乐，而是站在景区、城镇、产业与乡村统筹的高度，站在一产、二产与三产融合的高度，张开双臂迎接新业态时代的到来。乡村旅游的根本在于"乡村性"，七里乡从旅游要素出发，深度挖掘并融合乡土文化、休闲文化、创意文化，突出生态、绿色、环保、休闲特色，抓住文化、资源、生态和生活差异，满足市场需求。首先与乡土文化有机融合。深入挖掘村落文化，在对传统村落保护的同时合理改造、优化布局，培育以美丽田园为代表的乡村文化游。挖掘农业生产、经营和管理活动的文化内涵，形成与观光、体验相结合的旅游业态。举办农味鲜明的乡村旅游节庆或乡村美食节，营造出有别于城市的乡村文化旅游氛围。其次与养生文化融合。培育知识型乡村养生旅游、休闲型乡村养生旅游，形成不同层次的乡村休闲养生文化游，实现了引人、怡人、动人、养人的目的。

三是充分整合产业链资源。全域旅游的核心是开放，是全产业链协调发展。七里乡村旅游的全域化产业链条正在形成，通过旅游的全域化发展，打破空间界限，实现了社区居民、旅游企业共建共享美好生活、共建共享公共服务、共建共享生态环境，以产业环境带动人文环境，为老年养生旅游的发展奠定了坚实的基础。

（浙江旅游职业学院副院长、教授　徐云松）

浙江省养生旅游范例

28 云绕高峰　闲趣梅底　养生福地
——常山东案乡高峰村

作为常山县的第一高峰——白菊花尖，海拔高1395米，山上古木参天，树木茂盛，终年飞瀑不息，流水潺潺、花木丛生，万亩毛竹林环绕四周，山里奇石林立，各类珍贵植物遍布山中，竹笋、高山云雾茶、番薯干是山中特产，山里空气

清新,是一座"天然氧吧",环境优美,犹如一幅山水画,是都市人们旅居赏景的好去处。每年的4~5月份,沿着山脉由东向西连绵,铺满了红、紫、白三种颜色的千亩杜鹃花。白菊花尖山高雾重,杜鹃花也透着灵气,把单调的白菊花山装点得色彩斑斓、摇曳多姿,恰如人间仙境一般。这正应了宋代诗人杨万里赞美杜鹃花的诗句,"何须名苑看春风,一路山花不负侬。日日锦江呈锦样,清溪倒照映山红"。而白菊花尖,就坐落在被称为"云绕高峰 闲趣梅底 养生福地"的常山县东案乡高峰村。

高峰村位于东案乡北部,距乡政府所在地10公里。2013年10月由原淤里村和原梅树底村合并为高峰村。海拔500米以上,森林茂密、空气清新,森林覆盖率达95%,负氧离子达45 000个/cm³,是名副其实的"天然氧吧"。园区内四季溪水

潺潺、山花烂漫，夏季平均气温26℃，沿途有金源十八湾、石门奇峰一线天、万亩竹海听涛声、千亩红杜鹃花海、白菊花瀑布群等众多自然景点，是一个休闲、健身、避暑、养老的理想之地。高峰村有耕地面积69公顷，山林面积1742公顷，水域面积53公顷余，俗称"九山半水半分田"。高峰村先后荣获省级林业观光园区、省级旅游特色村、衢州市森林生态示范村、市级农家乐特色村、市级美丽乡村提名奖、县级十佳旅游景点、县级美丽示范村等荣誉。东案乡高峰村的山水生态之美，让人真切体会"言入高峰村，每逐青溪水。随山将万转，趣途十余里"的诗情画意。

高标准开展旅游基础设施建设

对于村一级旅游目的地来说，旅游基础设施建设是长期困扰的难题。高峰村打造全域化养生旅游目的地的第一步，就落脚在了旅游基础设施上。一是开展游步道建设。从常山第一峰山脚沿溪而建，直通山顶。沿途跨溪设置竹木小桥，环保生态。在第一峰白菊花尖山顶，修建了供游客览胜的凉亭——峰会亭。二是设置标志牌。按照景区建设要求，设置详细的道路引导标志，在不同的观赏区外都树立着富有浓郁自然气息的木制地点标志牌。安全警示、消防设施配套完善，在观光园区内设置垃圾投放箱，安排2名保洁人员，并纳入城乡垃圾收集处理系统。三是建设景点节点。在童趣园设置荡木桥、秋千、原木座椅等，力求建造一

个能让儿童快乐游戏、健康成长，将游乐活动和公共休闲空间相结合的复合型小乐园。

梅文化，是高峰村梅树底自然村人民在植梅、育梅、赏梅

过程中逐渐形成的一个文化系列。梅园景观不仅是园区内一个赏心悦目的景点，更是梅树底梅文化的传承和发展，有利于园区文化底蕴的大提升。利用梅树底拥有世界先进的气象雷达站这一优势，投资2万元用于科普园建设。吸引了不少爱好气象学的游客们前来观光，很好地起到了普及气象知识的作用。梅树底自然村的每户林家乐都以梅字命名，以梅花图案为标志，以梅文化为主题。每家小院采用传统的白墙黛瓦，带着别样的农家乡土特色。高峰村现有18户林家乐，拥有160余张床位、370余个餐位。立足生态环境优势，梅树底已完成了长达10公里的游步道建设工程，按计划，下一步即将开发从许愿石—田铺自然村的林区道路；2015年，对通往梅树底景区的道路两侧进行了绿化，长约4公里，间隔种上红叶石楠和紫薇，并梅树底景区的停车场进行了绿化；2015年建成白菊花峡谷桥，扩建停车场。先后完成村主干道路面硬化、垃圾处理、污水治理、卫生改厕、饮用水等卫生基础设施建设，建设生态垃圾房1座，生态垃圾箱20个以上，安排2名保洁人员，并纳入城乡垃圾收集处理系统；不断完善农事活动。目前游客可以体验挖笋、磨豆腐、踩水车、采茶、等农事活动。

激发村民热情，形成旅游开发合力

在大力发展乡村旅游的背景下，东案乡党委政府和高峰村"两委"决心充分利用自身的特色资源，在发展生态旅游的前提下发展养生旅游。高峰村于2013年成立梅树底林家乐协会和林家乐资金互助社，采取"走出去、请进来"的方法，组织具有林家乐经营意向的村民外出考察学习5次，共约70人次，让村民感受到乡村旅游发展的大好势头，坚定了他们办好林家乐的决心。在大家的努力下，梅树底林家乐的数量不断增加，从2010年的2户增加到现在的18户，客流量和营业额以每年增长100%的速度在发展。2015年，梅树底景区接待游客8万多人次，旅游收入450多万元。越来越好的发展态势鼓舞着更多的村民投入到发展生态旅游的热潮中来。

全面挖掘乡村特色，打造老年养生旅游品牌

高峰村充分利用山、竹、水、石等本土资源，发展具有高峰特色的乡村旅游，创建自己的品牌。在梅树底景区的山上修建游步道，让游客能够欣赏沿途的美景，并于白菊花尖兴建峰会亭，登上山顶就能领略到"一览众山小"的风光；2013年，梅树底成功创建省级森林观光园区，2014年，开发毛竹精品园，不仅提高了毛竹产量，还让万亩竹海更具气势；2014年，因地制宜，利用溪流中的小石子搭建村民门口的花坛，既美观又环保，让整个村庄更好地融入大自然之中，并且特色十足。2015年高峰村在村党支部书记的带领下，利用高峰村具有特色的峡谷，又增加另一旅游景点七彩峡谷，同时开发建设成梅树底峡谷游步道，开放建成了许愿石。

下一步，高峰村计划将在完善基础设施的前提下，发展个性化民宿和高山小气候民宿。一方面，着眼于养生旅游、休闲旅游建设新的旅游节点项目，如，清水码头、荷花池、村景观路口等，同时开发了七彩峡谷和许愿石景点，以带动景点附近的农户发展。在白菊花景区建停车场，使用观光电瓶车，把游客从景区直接接到农家乐。在白菊花峡谷开发游步道，连接到新蓬和田铺两个自然村，不仅可使游客不走回头路，还可带动新蓬和田铺两个自然村的乡村休闲旅游的发展。另一方面，开展多样化旅游，建设土特产展示馆，营销当地特产。

旅游信息

地址： 衢州市常山县东案乡高峰村

交通（自驾）：

杭州→杭新景高速→龙丽温高速→沪昆高速→京台高速→苦狮线→高峰村；

上海→沪昆高速→杭州湾环线高速→沪昆高速→京台高速→苦狮线→高峰村

专家点评

高峰村自然资源条件不错，但如何把绿水青山变成金山银山是摆在面前的现实问题。说起来不难，做起来不易。高峰村能够从浙西地区众多的乡村旅游目的地中脱颖而出，得益于以下几个重要因素。

一是有一位杰出的带头人。作为一名人大代表和村干部，党支部书记王才田同志不断思考、积极行动。近年来，他带动全村修建林区道路，鼓励村民发展乡村休闲游。在王才田和村民的共同努力下，高峰村在基础设施建设、争取支持等方面取得了巨大的进展。"一级领着一级干，一级做给一级看"，正因为有一位优秀的带头人和团结的村委班子，才为高峰村的旅游发展打下了坚实的基础，注入了强大的动力。

二是"精准"的发展路径。"精准"就是到户、到人。要求全村人口直接搞旅游住宿、搞接待、搞农家乐，可能非常困难，在操作中会遇到很多问题，投入和产出也难以达到预期效果。所以，旅游开发中的精准路径，就是要研究村里每家每户的比较优势，适合发展旅游就发展旅游，适合搞农家接待就搞农家接待，适合做观光农业就做观光农业，适合开发农副产品就开发农副产品类的旅游商品。

三是扎实的工作作风。许多地方在开展乡村旅游的过程中，绕不过一个"急"字，迫不及待地宣传，迫不及待地招徕客人，一夜之间家家都是"农家乐"。基层干部急于出成果，农民急于得实惠的心态可以理解，但对于基础薄弱的乡村来说，旅游规划、公共服务设施、交通改善……每一项都是旷日持久的过程，一定要耐得住寂寞。高峰村正是沉得住气，扎扎实实从公共基础设施一点点做起，修游步道、停车场……一点一点向前推进，宁可初期游客少一点，也绝不能砸了牌子。

　　在浙江，有着优秀旅游资源的乡村很多，基层政府部门开发乡村旅游的热情也很大，但真正做出品牌形成声势的"点"毕竟有限，尤其是在一些进入性较差、中心城市2小时生活圈以外的地区，所面临的困难难以想象，希望常山县高峰乡的案例能够成为一个有益的经验。

（浙江工商大学教授　范钧）

29 康体养生 愉悦"龙门"
——开化县龙门村

　　开化县北部的齐溪镇龙门村青山环抱，茂林修竹，参天古树，郁郁葱葱，山间盆地，良田阡陌，清溪穿村而过，溪水一路欢腾，叮叮咚咚，就像村姑朴素的笑声飘荡在山间，清纯亮丽，声声入耳。溪水顺着河床的走势跌宕起伏，时而缓缓流淌，时而急速奔跑，冲到几块大石块上，便撞得白玉飞溅，"哗哗"作响，溪水宛如流动的碧玉，温润可人，光彩夺目，让烦躁的心情渐渐平复。

　　齐溪镇龙门村地处钱江源支流龙门溪畔，位于开化县最北端，衢皖边界齐溪镇境内，距县城45公里，是个有着500余年历史的古村落。全村区域面积14.14平方公里，海拔330米，森林面积1500

公顷，耕地面积34.7公顷，生态公益林1347公顷，竹林123公顷，茶园64公顷。由汪家、余家、大麦坞、外山4个自然村组成，共317户，1006人。到2014年底已创建成"国家AAA级景区村"，并荣获"牵手2014中国最美村镇二十强"、"省级餐饮服务食品安全示范街"、"浙江省森林村庄"、"衢州市2014年最美乡村"、"浙江省省级农家乐特色村"、"浙江省充分就业村"等多项荣誉。

除外出务工外，村民的主要收入来源为经营农家乐、茶叶、木材和清水鱼等，现已开办"龙门客栈"特色农家乐29户，床位317张，日接待能力500人次，年营收200万元；成立茶叶专业合作社，建成精品茶园27公顷，产值83万元；改造低产竹林100公顷，年产竹材3.7万支、竹笋200吨，产值75万元；建成清水鱼养殖基地，投放鱼苗2000余斤，产值18万元。

优越的养生旅游资源

地理条件：龙门村地处安徽黄山，江西婺源、三清山，杭州千岛湖等旅游"金三角"的中心地带，四面环山，相对高差较大。村内只有龙门溪附近地势较缓，龙门溪两侧有9条小溪相向注入，"九溪龙门"之称由此而来。"一龙生九子，九子各不同"，九溪形态各异，但水质极佳。龙门溪呈"S"形流经两村，汪、余两姓村民隔溪而居，白墙黑瓦互为辉映，两个村落合抱成太极图案，故有"九溪龙门太极村"之称。

气候条件：龙门村属于亚热带季风气候，四季分明，有"常年雨雾、夏季清凉、春秋宜爽、冬日偏暖"的气候特征，气候温和、雨量充沛、空气湿润、云雾缭绕，负氧离子含量高达20 000个/cm³，环境空气质量达到国家一级标准，PM2.5指数常年低于15，年平均气温16℃，年平均降雨量1901mm，年平均相对湿度81%，年平均日照时数1785.1小时，无霜期250天，气候舒适宜人，堪称休闲养

生胜境。龙门村森林覆盖率达93.5%以上，有樟木、甜楮、红枫、红豆杉等名木古树近百株，毛竹123公顷，茶园64公顷等。

红色文化：1935年1月7日，方志敏（红十军团军政委员会主席）、刘畴西（军团长）、粟裕（军团参谋长）率红军北上抗日先遣队从安徽休宁的桃林进入开化龙门村。目前，村中鸣凤堂已辟设为红十军团指挥部旧址，并陈设了方志敏、刘畴西纪念物。

外山土楼群文化：外山自然村位于海拔近700米处，山高林深、日沐云雾，39幢传统的土楼民居，闽北建设风格，保留完整，极具保护、利用价值，故有"江南土楼黄金屋"之称。

徽派建筑文化：龙门村现存的25幢古民居均为徽式建筑，砖墙黑瓦、马头翘角、高瓴重檐、鳌鱼腾尾，门楼门坊辅砖雕壁画，花格窗棂饰花鸟虫鱼。其中以县级文物保护单位"溥源堂"和"鸣凤堂"最为典型，建筑气势恢弘、古朴典雅，具有较高的历史文化和艺术价值。

民俗文化：龙门村数百年来具有大年祭祖的民俗传承。每年大年初一，各家各户都会早早预备祭祀贡品，由户主引领前往各属宗祠。男女老少穿戴新艳以示庄重，贡品中有香烛、鱼肉，户主双手托盘，躬身入祠，族中长老亲迎祠中，摆好贡位后，男女老少依次在宗祖位前跪拜行礼，以表达对先祖的追思敬仰及祈盼福佑。宗祠外，鞭炮齐鸣，经久不息，祭祀之庄重、场面之热烈，令人震撼。

龙门村还有手工草鞋制作、手工布鞋制作和野葛粉加工及民俗表演。葛根，尤其是野葛根有很好的解肌退热、透疹、生津止渴、升阳止泻之功效。

科学的开发管理

加强经营户培训、引导规范经营：成立九溪龙门旅游开发有限公司，负责农家乐经营户的规范经营，特别是对新发展农家乐经营户指派专人进行一对一的全程帮扶。目前，龙门客栈的客房全部改造成带独立卫生间的标准间，统一配备床上用品、电视机、消毒柜等，达到规范经营。

浙江省养生旅游范例

完善基础设施、改善旅游环境；对龙门村道路、河道、房屋外立面进行了全面整治，重点完善了符合游客需求的乡村旅游景点、生态旅游厕所、停车场、服务中心等基础服务设施，特别是对景区内的旅游标志牌进行了规范统一，整个村庄也基本上达到了视觉效果上的统一，形成了人鱼和谐共生，人在岸上走、鱼在水中游的景象，体现出龙门村原有的徽派文化韵味。

丰富旅游产品，打造乡村特色：简单的农家乐"吃住"模式已逐渐不能适应发展的需要。在农家乐乡村经营的旅游产品设计上，重点打造隐龙谷、桃坞回春、老龙源等景点，深入挖掘本地民俗文化和风土人情，重点突出探源嬉水、森林氧吧和红色旅游。加之桃树、梨树、向日葵等大面积、大规模种植，打造不同季节的特色景观，营建"鲜花盛开的村庄"，实现卖风景、卖体验。九溪龙门旅游开发公司还注册了商标，通过设计制作旅游商品包装，让农户生产的蔬果、禽畜产品成为旅游商品，并在村内购物点进行销售，让以前无人问津的农副产品成为都市游客的抢手商品。

探索经营模式、实现市场化动作：龙门村的农家乐从一开始就摒弃单个农家乐单打独斗做营销的模式，积极借鉴"台湾儿农会"的模式，由九溪龙门旅游开发公司与旅行社签订合作协议，统一进行市场营销，统一组织客源，统一接待标准，而农家乐经营户只需要专心做好游客服务，让游客吃得称心、住得安心、购得放心、玩得开心。农家乐经营户之间打破了原有界限，抱团合作，互帮互补，共同发展，有效地实现了景区、旅行社和农户的多赢。

龙门村以"治水美村"为抓手，以项目建设为支撑，基础设施建设迅猛推进,村庄环境面貌日益美化,特色产业发展生机勃勃,群众增收致富步伐加快,到2014年底已建成"国家AAA级景区村"。根据龙门村美丽乡村建设需要制定"龙门村十三五规划",五年内做到:

(1)建设一个国家级文明示范村;

(2)集体年创收突破200万元,农家乐经营户达到40户、床位500张;

(3)村民家庭年均收入突破3万元;

(4)成功创建九溪龙门国家AAAA级景区。

紧紧围绕"十三五规划",大力提升景区建设,主要是四种文化(红色文化、太极文化、水文化、饮食文化)、两大景区(外山隐龙谷景区、桃花坞景区建设)、两座宗祠(余氏宗祠"鸣凤堂"、汪氏宗祠"溥源堂")、一个茶厂、一条特色食品街(惠龙茶厂、龙门特色食品一条街)和多个产业体验园(茶叶体验园、番薯体验园、豆制品体验园、竹笋体验园等)。

旅游信息

地址: 衢州市开化县齐溪镇龙门村

网址: www.jiuxilongmen.cn

交通:

(1)长途车:

①杭州出发:杭州汽车西站乘快客至开化客运中心,再转九溪龙门旅游专线车;

②上海出发:上海客运总站乘班车至开化客运中心,再转九溪龙门旅游专线车;

③衢州出发:衢州客运中心乘快客至开化客运中心,再转九溪龙门旅游专线车;

④黄山出发:黄山客运中心,乘快客至开化客运中心,再转九溪龙门旅游专线车。

（2）自驾车：

①杭州方向：杭州 → 杭新景高速 → 杭新龙高速 → 杭金衢高速 → 常山/开化/婺源/德兴 → 320国道 → 205国道 → 开化九溪龙门；

②上海方向：上海 → 沪昆高速公路 → 申嘉湖高速公司 → 练杭高速公路 → 杭州绕城高速公路 → 京台高速公路 → 205国道 → 开化九溪龙门；

③衢州方向：衢州 → 杭金衢高速 → 常山/开化/婺源/德兴 → 320国道 → 205国道 → 开化九溪龙门；

④黄山方向：黄山 → 杭瑞高速公路 → 京台高速公路 → 205国道 → 开化九溪龙门。

二维码：

专家点评

齐溪龙门村是一个美丽的小山村，村里有清澈的小溪、茂林修竹、参天古树，以及纯朴的民风和正宗的清水鱼等美食，森林覆盖率高，富氧离子含量高，生态环境好、气候宜人，旅游资源丰富，符合修身养性的自然条件，在此基础上，其成功之处还有以下几点：

1.重视与扶持。开化县制定《开化县旅游业发展三年行动计划（2014—2016）》和《2014年开化县旅游610工程》，细化《关于扶持文化旅游产业发展的若干政策》，出台了《关于扶持风情小镇建设及民宿（农家乐）产业发展的若干意见》，齐溪镇编制实施了《齐溪风情小镇建设规划》及龙门、左溪、大龙等村庄休闲规划等。龙门村村委积极与信用社和旅行社合作，为村民解决资金和客源等问题，从上到下大力培育风情小镇和乡村民宿（农家乐）产业。

2.创新体制、范化管理。成立乡村旅游管理中心，配备专职文旅员，明确标准、规范管理，制定旅游服务清单，统一指导改造农家乐，统一制定服务规章制度，确保旅游服务内容规范。

3.策划与营销。组织策划赏花、尝美食、玩水等活动，同时深入挖掘和利用文化资源，丰富旅游内涵，让游客尽情享受旅程，玩得开心，并充分与微信、旅游APP、百度搜索及《都市快报》、《江南游客》等新媒介和传统媒介合作，提高品牌影响力。

（浙江旅游职业学院党委书记、教授　王昆欣）

30 江南古塞　养生福地

——江山廿八都古镇

一片瓦、一出戏,都容易在尘风中风化、消散,成为记忆中留存的经典。而一个有山有水,山水环抱的小镇,却可以容纳许多人的生命体温和生活情趣。文化的酵母会在小镇的时空氛围中留存,慢慢地成为镶嵌于小镇人心灵中的密码,代代相传。

廿八都古镇,位于浙江省江山市西南端,浙、闽、赣三省交界处,占地面积66.7平方公里,有205国道穿镇而过。古镇距离杭州4个小时的车程,距离上海6个小时的车程,随着杭金衢高速公路的开通,将大大缩短与上海、福建的距离,特别是黄衢南高速公路的建成,交通会更加便利。廿八都以打造"江南古塞旅游目的地"为总体发展目标,建立一个集边关军驿文化、商旅文化、民俗文化于一体的中国历史文化名镇。目前,小镇被评为国家AAAA级旅游景区、中国历史文化名镇、中国民间文化艺

术之乡、国家级生态镇。2015年,廿八都旅游经济收入达3465万元,占本区域经济比重达56%。

长寿示范效应明显

廿八都镇兴墩村是个名副其实的长寿养生福地,这里的平均海拔达650米,独特的高山地形,夏日清凉。全村共有80岁以上老人57人,90岁以上老人8人,是名副其实的长寿村和远近闻名的无癌村。

人文积淀厚重

廿八都镇内人口1.2万人,交流着13种方言,繁衍着142个姓氏,被称为"百姓古镇、方言王国"。古镇民俗风情更为奇特,南北交融的外来文化在廿八都汇聚、

碰撞，形成了奇特的"文化飞地"。古镇历史风貌保存完整，有各类明清古建筑民居、厅堂36幢，公共建筑物有孔庙、大王庙、文昌阁、万寿宫、真武宙、忠义祠、观音阁、老衙门、新兴社等11幢。古镇的古建民居，不仅数量多，保存完好，而且建筑风格与别处民居迥然不同，风格独特多样，完美地融合了南北方的地域特征，被誉为古建筑博览馆。

山歌、剪纸、木偶、高跷、秧歌、龙灯、舞狮、旱船等南北传统文化，在小镇十分流行。小镇的民间坐唱班独以唱赣剧为名，已有300多年历史。小镇至今仍保留着"联刀肉"、"挑担礼"、"风炉仔"等风俗独特的婚俗仪式。另外，廿八都剪纸、舞龙、踩高跷、点灯阵等广为百姓喜爱，是小镇古老文化积淀的代表。当地政府注重对民俗文化的传承与保护，把一批传统艺术列入非遗保护。廿八都木偶已被列入国家级非物质文化遗产。廿八都山歌、廿八都古民居建筑艺术被确定为省级非物质文化遗产，另外还有13个传统艺术被列为地市级非物质文化遗产。这里的人们至今传承祖先遗留下来的对山歌、跑旱船、踩高跷、牵木偶、滑石头等民间艺术。

重视生态建设

从2000年开始，先后启动和实施了生态公益林建设工程、长江中下游防护林建设工程、退耕还林工程、农村小型生态公益林建设工程、义务植树基地等一大批有规模、有特色的生态建设工程项目。全镇共有公益林面积5927公顷。近年来，廿八都镇坚持慎砍树、禁挖山、不填湖，全镇森林覆盖率、人均公共绿地面积、绿化覆盖率、水土保持面积、各类生态功能保护区面积、生态示范区面积、基本农田保护面积呈增长趋势，地面水、大气环境质量逐年提高。廿八都镇先后分别被命名为衢州市级、省级和国家级生态镇。

江南古塞旅游目的地

以打造"江南古塞旅游目的地"为总体发展目标，建立一个集边关军驿文化、商旅文化、民俗文化于一体的中国历史文化名镇。将小镇建成江山市仙霞古道文化旅游线上的江南古塞旅游目的地，长三角及海西经济区城市居民的历史文化旅游及民俗休闲度假目的地。到2017年游客接待量将达40万人次，土地产出总收入超过5000万元；到2020年游客接待量将达到100万人次，土地产出总收入将超过1.6亿元，折算成每平方公里土地产出总收入为4.31亿元。

旅游信息

地址：衢州江山市廿八都古镇

电话：0570-4887543

住宿：古镇民宿或附近农家乐民宿。

门票价格：80元

交通：

火车：2185次：杭州南站19:25—江山 00:33；1325次：杭州—重庆 20:17~江山 00:47。

汽车：杭州汽车南站或西站乘早晨8:00左右到江山的快客，4小时到达，也可在汽车西站先坐到衢州。衢州至江山的大巴10几分钟一班，约40分钟到江山。

公交：从江山北站（原老火车站）开出的201路长线公交停在廿八都风岭路口，6:00~17:00大约每小时一班，车程约1小时，票价15元左右。

下编 老年养生旅游示范基地

专家点评

　　历史文化作为前人在长期的社会实践中创造并保留至今的有形遗存和无形精神，是极其重要的人类文明遗产和宝贵财富，也是不可替代的文化资源。它们对旅游者具有很强的吸引力。从未来发展的角度看，历史文化旅游将保持长久的生命力，引发旅游者日渐浓厚的兴趣。这是由历史文化资源及以其为主要对象的旅游项目自身的性质、特点所决定的。廿八都旅游开发之所以取得成功，悠久的文化应该是其核心资源。这其中既有语言文化、姓氏文化、建筑文化、祭拜文化，也有山歌、剪纸、木偶、高跷、秧歌、龙灯、舞狮、旱船、联刀肉、挑担礼、风炉仔等民俗文化。它最大限度地满足了游客对文化的多元需求，把它誉为"南北文化博览馆"一点都不夸张。

（浙江工商大学教授　范钧）

31 面朝大海　春暖花开

——舟山桃花岛塔湾村

下编　老年养生旅游示范基地

一座险峰、一汪碧海、一片桃林、一摊金沙，还有一辈子吃不完的海鲜美味……一进入塔湾村，就会被各种熟悉的名字所吸引，村里的46家渔家乐宾馆，不少名字会和金庸的小说挂上钩；在这里，可以追忆那个武功盖世、劫富济贫的梦，也可享受面朝大海、春暖花开的惬意生活。

桃花岛位于舟山群岛的东南部，地处东海环抱之中，是国家AAAA级景区。全岛面积42平方公里，为舟山群岛第七大岛，与"海天佛国"普陀山、"沙雕故乡"朱家尖、"十里渔港"沈家门组成普陀旅游的金三角。塔湾村是桃花岛风景区的核心区块。这里碧海金沙环绕，多奇峰怪石，林木葱郁、气候宜人、环境清幽、风光旖旎，被誉为"海上仙山"、"世外桃源"，是老年养生的绝佳去处。1993年3月，桃花镇被列为省级风景名胜区；2007年，被列为国家AAAA级旅游景区。经过几年的开发建设，桃花岛现已成为浙江省首个海岛影视拍摄基地、浙江省休闲渔业基地、浙江省农家乐旅游示范村、中国最具浪漫气息的影视基地、省十大最具吸引力旅游景区及浙江省老年养生示范基地。

保护为先，从容发展

桃花岛作为普陀海岛旅游中的先行者，在镇政府"全岛大公园"理念引导下，实施"保护为先，从容发展"的开发战略，逐步探索在重温乡愁中建设海岛式生态乡村旅游发展路径，按照"全主题强化、全景观打造、全镇式旅游、全线路体验、全要素配套"的整体发展要求，着力打造"浓绿重彩衬桃花、老村新颜笑桃花、清水灵动映桃花、特色文化说桃花"四张"桃花"金名片，为海岛乡村旅游的发展奠定了优质生态环境基础。

正是在这样的政策理念驱动下，桃花岛塔湾村目前已开发并对外开放了三大景区：一是桃花峪景区，位于桃花岛东海岸。这里奇岩壁立、惟妙惟肖，是岛上自然生态环境最优美的区块；二是安期峰景区。这里拥有舟山千岛第一峰的安期峰，海拔539.7米，山高峰险、石趣洞奇、雾轻云厚、树茂林盛，印证了安期生修道炼丹、小龙女传奇等民间故事的由来，是桃花面积最大、文化底蕴最为深厚、开发潜力最大的景区。三是塔湾金沙景区，在这里，千步金沙毗连碧水港湾，滩外碧波荡漾，滩上金光灿灿，山青、沙纯、水美，千步金沙长1370米，宽400余米，为舟山群岛面积最大的沙滩，百亩香草园由三种紫色花系的熏衣草、粉萼鼠尾草、柳叶马鞭草组成，象征着浪漫的紫色爱情！

佛道与武侠交相辉映

因历史积淀和机缘巧合，桃花岛丰厚独特的佛道文化与武侠传奇在这里交相辉映。岛上的白雀寺，相传是观音出家修行的地方，记载着观世音出家修行的经历，使桃花岛与佛教文化结下了不解之缘。传说安期生学道炼丹

于此，常以醉墨洒于山石上，遂成桃花纹饰，为桃花岛留下了丰厚的道家文化底蕴，逐渐形成安期文化。由于机缘巧合，2001年在桃花岛圆满完成了《射雕英雄传》的拍摄，2002年《天龙八部》又在桃花岛拍摄完成，两部武侠片的上映不仅使桃花岛名声大振，也为美丽的海岛蒙上了一层神秘的武侠面纱，引来数以亿计武侠迷的目光。桃花镇借此巧打"金庸"牌，以金庸先生的"解说、登岛、题词"，确定了"金庸笔下桃花岛"的"钦点"地位，从国内众多"桃花岛"中脱颖而出。随后《神雕侠侣》、《鹿鼎记》、《倚天屠龙记》等多部金庸武侠影视剧相继在桃花岛取景拍摄。结合影视剧热，于2004年起连续举办了三届金庸武侠文化节，使弘扬"金庸武侠文化"与小岛旅游相辅相成。

浪漫与休闲相辅相成

桃花岛在用好佛道与武侠元素的同时，不断拓展延伸其文化内涵，在古老的"侠侣"文化中提炼出"浪漫爱情文化"，丰富海岛旅游文化元素和产业链，连续举办了六届侠侣爱情文化节、两届七夕爱情文化节、首届桃园

相思情赏花会以及集体沙滩婚礼等大型节庆活动,做精、做美桃花岛的"浪漫气息",巧妙地将金庸武侠文化和浪漫爱情文化的"情、义、缘"有机结合,用多种文化元素滋润着桃花岛,从而使小岛的知名度跃升到一个新的高峰。与此同时,桃花岛还瞄准现代人追求"健康、休闲"的需求,积极探索与普陀山、朱家尖旅游金三角中同质资源的错位发展,利用岛上森林覆盖率83.6%的天然氧吧、山海风光以及道教、佛教文化元素等优势,做好康体养生篇章。安期峰景区千岛之巅游览项目、安期生休闲文化广场、安期生纪念馆,与赏四季、花品养生茶等共同组成了"安期养生游"产品,使桃花岛塔湾村成为浙江省海岛老年养生的绝佳去处。

打造"候鸟式"养老服务基地

在未来的发展中,桃花岛塔湾村将紧紧抓住"海洋、植被、山地、空气"等优势资源,积极引进健康养生养老项目,发展"候鸟式"养老服务;结合佛教、道教资源,探索"周末禅修"、"禅修夏令营"等短期禅修品牌。与此同时,不断完善"康体养生"项目,筹划完成"环岛骑行游"、"奔跑吧,军民越野赛"等体育项目,不断探索"登千岛之巅"、"无人岛生存挑战赛"、"环岛徒步"、"南部探险"等运动休闲体育项目。目前,全岛的民间体育休闲氛围愈发浓郁,外界宣传反响很好。总之,以"生态资源"为本,以"浪漫离岛生活方式"为主线,以"主导景区和美丽渔村"为主体,以海岛、渔村和渔家风情为载体,围绕主题和意

境，为游客提供更多的自然休闲和运动体验等休闲旅游产品，以满足旅游后观光时代游客深度体验的休闲需求，将塔湾村打造成一个浪漫、诗意、优美的休闲养老基地。

旅游信息

地址： 浙江省舟山市桃花镇

电话： 0580—6063668

住宿： 海贝大酒店、桃花苑宾馆、各个渔家乐宾馆等。

交通： 游客可以通过沈家门墩头码头、沈家门半升洞码头、普陀山码头、宁波郭巨码头等乘坐快艇或轮船到桃花岛。自驾族可以通过车客渡码头直接摆渡到桃花岛。

二维码：

专家点评

塔湾村位于桃花岛AAAA级旅游景区的核心部位，也是省级旅游特色村。村域内有塔湾金沙、安期峰、桃花峪（桃花寨）三大景区和40多户渔家乐宾馆，碧海金沙、青山绿水环绕着各个景区景点，方圆十里内空气清新、水质优良，环境幽雅、交通便利，旅游服务设施齐全，并有社区卫生服务站、污水处理厂等配套设施，非常适合老年人养生旅游，于2013年被评为浙江省老年养生旅游示范基地。塔湾村之所以在较短时间内建成省级老年养生旅游示范基地，其成功之处主要表现在以下两个方面：

一是依托桃花岛优质的海岛生态资源进行老年养生旅游开发。桃花岛具有天然独特的海洋旅游资源，这里不仅有碧海蓝天、青山绿水和宜人的海洋性气候，还有丰富多彩、营养独特的海产品，塔湾村正是凭借这些优质海洋资源，开发出了众多为游客所喜爱的旅游产品，满足了广大游客健康、休闲和养生的需求。

二是塔湾村实施了"保护为先，从容发展"的旅游开发战略，在保护本地海岛资源的前提下，紧密结合当地旅游资源特色与优势，循序渐进地开发相关旅游产品，先是利用金庸武侠片在桃花岛拍摄的机缘，将本地的佛道文化与武侠传奇结合起来，开发出许多为武侠迷们所追捧的旅游景观与景点；接着利用武侠影视剧中的"侠侣"意象，拓展延伸出具有海洋文化特色的浪漫爱情主题，并通过各种旅游节庆活动，营造出既古老又现代、既神秘又浪漫的艺术氛围，为广大青年旅游者所钟情与喜爱；最后又将本地优质的生态资源与佛道养生文化结合起来，开发出适合老年旅游者养生旅游的产品，为日渐兴盛的老年养生旅游开辟了广阔的发展空间。这种保护为先、从容开发的模式值得借鉴与推广。

（浙江工商大学教授　范钧）

32 羊岩　养眼　养颜
——临海羊岩山茶文化园

据传,古时候有位神仙,赶着羊群来到现在的羊岩山时,感到有些疲乏了,便躲进一个山洞中休息,可是当他醒来时,东方即将发白,公鸡也开始叫了。由于神仙在天亮以后是不能在凡间的,所以他匆匆忙忙地回到天上,而把其中一头羊落在了山头。天亮了,羊变成了岩石,从此这座山就叫作羊岩山了。羊岩山"南瞻海门,北望华顶,如在目前,山顶石壁有石影似羊,又有石纹隐起似蛇,下有水洞,山背面奇石林立,景色迷人,祀龙母祷雨甚验……"(《赤城志》)。然而,如此美景却一直是"养在深闺人未识"!各位朋友,你想一睹当下羊岩山的风采吗?那就随我一起走进这座犹如天然大氧吧的茶园吧!

浙江省养生旅游范例

羊岩山茶文化园，位于中国历史文化名城临海市区西北30公里处。文化园按照"羊岩·养眼·养颜"的建设理念，充分挖掘茶文化、佛道文化和生态文化的内涵，修建旅游景点和设施，2009年开始建设，总投资2500多万元，占地约20平方公里。其中茶园约5平方公里，于2010年建成对外营业。到目前为止，已形成羊岩茶道、羊岩之巅、茶乐园、茶生态园四大景区和数十个景点。景点各具特色，成为国内首个集茶园生态观光、茶文化展示、品茗休闲、青少年科普教育和茶叶加工工业旅游于一体，以体验式为特点的综合性茶文化主题公园。文化园自开业以来已获得众多荣誉称号：2010年被省农业厅评为浙江省农业休闲示范观光园；2011年，被评为长三角城市群茶香文化体验之旅游示范点及国家AAA级旅游景区；2012年荣获浙江省生态旅游示范区称号；2013年被评为省级农家乐特色点；2014年被台州市总工会冠名为"台州市劳模休养基地"；2015年被国家农业部授予"中国美丽田园"称号；2016年荣获浙江省生态文化基地和浙江省老年旅游示范基地等。

坚持返璞归真理念，开发特色旅游资源

羊岩山茶文化园的开发与建设凸显三大特点：一是凸显独特性。坚持返璞归真的开发与建设理念，把当地独特的自然资源融入休闲养生旅游的开发中去，以游步道串合石蛇、石羊、红伞树、二八八洞天、龙母宫等十大景点，修建吐纳台、好汉坡和微缩版江南长城等休闲观光景点12个，全方位展示羊岩风光。二是注重体验性。根据茶园资源优势，多层次开发游客参与性的休闲文化项目，在原有的采茶、炒茶、品茶、垂钓、烧烤等项目之外，又针对老

年游客,主推各类养生项目:有运动养生活动,如老年养生吐纳、老年养生太极等;有文化养生,如茶香足浴、工夫茶道、书画会等;还有美食养生,羊岩山庄在传统河头"九大碗"的基础上,开发出羊岩养生"九大碗"系列菜肴。针对儿童群体,设立了茶园迷宫探宝、游戏沙坑和植物科普长廊等运动益智类项目。三是彰显文化性。在设计文化休闲产品方面,围绕茶文化主线,建设长5千米的羊岩茶道,通过茶室、画廊、塑像等多种形式,分段布景,展示神农氏以来各个朝代的茶技、茶俗、茶艺、茶礼;建设珍稀茶树博物馆和茶文化博物馆,展示羊岩茶、铁观音等120多种中外茶树、茶叶品种、饮茶礼仪及羊岩茶场创业史,构建了纵横交错的茶文化展示体系。在旅游娱乐场所等旅游服务设施建设方面,传承临海紫阳街明清时代的建筑风格,利用木雕、灰雕、石雕装饰柱头、门头,彰显出本地传统文化的氛围。

旅游设施典雅时尚,景区影响与日俱增

羊岩山茶文化园建有一家按国家AAAA星级标准设计建造的集客房、餐饮、会议于一体的度假型山庄——羊岩山庄。山庄总投资4800万元,于2012年4月1日

建成并对外营业。拥有各类舒适客房70余套，装饰精心别致、高贵典雅；餐厅设有宴会厅和大小豪华包厢7个，可同时容纳200人就餐；有可接待近百人的会议厅，适合举办会议、培训、产品展示等各项活动，无线音响、高清晰投影仪等视听设备一应俱全；另配有乒乓球室、KTV、茶楼等配套设施，以满足宾客的不同需求。羊岩山庄幽静典雅，将自然风光与人文景观相互融合，崇尚纯天然、绿色环保和养生理念，各式菜品以营养、健康、绿色为主题，有茶花生、茶香鱼、茶叶虾、蒸茶饺、茶香麻糍、羊岩鱼头锅等特色美食，为游客提供了绝佳的休闲度假养生环境。文化园景区还拥有茶叶采摘、制茶体验、茶仙洞品茗、自助烧烤、山顶露营、水库垂钓、茶文化展示、茶园生态观光等深受游客喜欢的农业旅游项目，以展示茶文化为主题，特色鲜明。园区年游客接待量可达31万人次，实现经营服务收入达4000万元。近两年通过茶文化旅游节的举办，新华社、人民日报等媒体刊登报道达30多篇，实现羊岩勾青现货交易和合同交易1亿多元。

文化活动次第展开，山茶美名远播海外

羊岩山茶文化园优美的自然环境吸引了来自海内外的各种文化旅游休闲活动，节目丰富多彩，游客参与度高。自2010年首届茶文化节开幕式暨羊岩山茶文化园开园后，2011—2015年每年都举办羊岩山茶文化旅游节，吸引成千上万群众上羊岩，有的烧烤、有的卖特色小吃、有的卖饮料、有的卖玩具、有的卖特色农产品、热闹非凡，促进了当地经济的发展。随着人们生活水平的提高，越来越多的老年人自费组成团队到羊岩山休闲度假，享受大自然的乐趣。同时还吸引了国际友人慕名上山活动，2013年12月来自美国、日本、印度、韩国、肯尼亚、斯里兰卡和我国各地茶学专家20多人，在结束我省嵊州市召开的第一届国际茶科技与茶文化学术研讨会后，来羊岩山茶文化园考察，同年还有40人的德国旅游团羊岩游。2015年5月2日，16个发展中国家经贸官员访华团一行50人来到羊岩山参观考察等。

一叶变大业，羊岩再腾飞

羊岩山茶文化园景区将在原有园区建设的基础上，进一步完善各种设施，加强科学管理，完成第三期羊岩山庄的建设，充分利用羊岩山独特的自然景观开发羊岩洞，通过努力，使羊岩再腾飞，实现羊岩山人"一叶变大业"的目标，全力推进茶旅经济的发展，到2020年实现羊岩山相关产业2亿元，打造一个以茶叶为主题，以生态为基础，集旅游、观光、度假休闲、文化展示、科教、销售、科研等功能为一体，在省内外拥有相当知名度和影响力的综合性茶文化园区。

旅游信息

地址： 临海市羊岩山茶厂内

电话： 0576-85890077

区内酒店： 羊岩山庄

交通： 距机场60公里、火车站30公里、汽车站30公里。

二维码：

专家点评

羊岩山不仅以茶闻名，其茶香持久、汤色明亮、滋味醇爽、口感特佳，也是休闲养生旅游的绝佳去处，那里有大自然馈赠的石羊、石蛇、石窟等景致，还有新建的娱乐广场、茶园凉亭、避暑山庄、茶道文化等现代旅游设施，是一处融自然与人文于一体，以茶为主题的养生文化园。此园之所以在短期内开发成功，有两点值得重视。

一是围绕核心资源开发特色旅游休闲产品。羊岩山的核心吸引物就是历史悠久、遐迩闻名的羊岩茶，该园开发者就以此为内核，不仅开发了生态环境极佳的茶园以及与茶园相关的基础设施，而且还开发了与茶相关的养生旅游产品，如茶博物馆、羊岩山庄和茶美食等，为茶文化养生旅游奠定了坚实的基础。

二是在旅游开发中突出原真性、文化性和参与性。以返璞归真的理念突出其旅游资源的独特性，立足当地资源挖掘其茶文化和道教文化底蕴，以体验式参与激活自然与文化资源，使其具有了人与自然对话交流的机缘，最终形成物我两忘、浑然一体的休闲养生最高境界。

（浙江旅游职业学院教授　汪亚明）

33 不能错过的风景
晚年心灵的家园

——天台县南屏乡

说起天台,首先想到的是国清寺,其次是石梁瀑布。而天台另有一处美景养在深闺人未识——南黄古道。南黄古道始发点为天台县南屏乡前杨村,终点为临海市黄坛乡大泛村,全长12公里。南山多野生红枫与松树,每到深秋时节,漫山红遍,层林尽染。自元代起,俗称"南山"的南屏,就因"南山秋色"而闻名。沿着古道拾级而上,两旁的红枫和松树遮天蔽日,飞落的树叶堆积在古道上,都舍不得下脚。回首来处,云深不知处,恍若仙境。而前黄古道只是南屏乡众多胜景中的一处。天台南屏,不能错过的风景,晚年心灵的家园。

南屏乡位于天台县南边,距县城24公里,是国家级生态乡镇,全乡总面积51平方公里,辖区19个行政村,全乡总人口为15 490人。其中在家人口约4400多人,主要从事种养殖业,初步形成杨梅、高山蔬菜、南山土猪、小种番薯、

紫苕药等特色农业。2014年，总投资9.4亿元，全长9.1公里的城关至南屏二级公路动工建设。

南屏乡老年养生旅游示范基地位于南屏旅游景区内，面积5.6平方公里。南屏旅游景区拥有被誉为"中国最美梯田"的莲花梯田、全国八大赏枫胜地之一的南黄古道；有全国最完整、种类最齐全的瀑布群龙潭叠瀑等知名景点，荣获2015年度"中国最具创意乡村旅游目的地"称号。

多元化的老年养生资源集聚区

南屏乡是国家级生态乡，森林覆盖面积达到74%以上，全乡是一个天然大氧吧，非常适合养生。这里有原生态的河流、珍贵的野生动物、茂密的花草树木，还有未经人工修饰的地貌。这里当地百姓也非常质朴。2014年成功创建国家AAA级旅游景区，完善了旅游配套设施，养生资源更加丰富。

南屏乡风景怡人，可以给人视觉上美的享受和心灵上宁静的熏陶，可以产生融入大自然的感觉，沉淀浮躁、释放压力，调节身体免疫系统，起到养生保健的作用。另外，南屏乡富含负氧离子的空气可以与其他活动一起，形成特色的养生产品。可将负氧离子与疗养保健机构、相关仪器等结合，实现负氧离子对相关疾病的针对性治疗，也可改变呼吸方法，增强养生效果，利用呼吸，充分调动脏腑潜在能力，实现抵抗疾病侵袭、防止衰老的养生目的。还可以通过开发原始农耕体验活动，让游客能体验古老农耕文化，感受对天地和食物的敬畏；也可以租赁农场给城市居民，方便人们利用空闲时间修身养性。

乡村人文资源中有些生活习惯、思想意识都益于养生。南屏乡可以让游客参与到乡村的舞蹈、庆典、扮神像等民俗艺术中，使游客在参与活动过程中，得到身体调节和心灵陶冶。南屏乡还可提供绿色、无污染的养生产品，邀请专业医疗团队，打造优质农家乐，为城市人群或者老年人群提供睡眠改善方案。

整合资源、强化管理，建设优越老年养生旅游环境

南屏乡通过调查问卷等方式，延长游客滞留时间，增加趣味性，设立了采摘游、集中销售等服务功能，在园区和各景点内，设置休闲区（中央溪至滴水落游步道、后畈头公园、防洪坝）。在这些公用绿地附近做好人性化服务，沿路绿化并设立公共座椅和休闲石凳90个、棋类竞技设施12个、提供免费茶水点5个、公用厕所6所、停车位120个、垃圾箱35个等，供游客休息使用，并在各个公共绿地设置旅游服务指示牌，包括旅游线路图、景点分布图、23家农家乐联系方式、停车场位置、公共班车时间点、公共厕所位置、游客注意事项等；有规范的宣传标语、路标和文字介绍，有制作精致的园区概括、活动项目等彩印折纸，并配备讲解引导员。园区内还有农副产品交流展示区，来自全乡19个行政村的农副产品都进入交易。

南屏旅游景区的快速发展，根本保证在于乡党委、政府的高度重视。"发展老年养生旅游，打造独特养生基地"被南屏乡政府列为一号工程。乡政府每年都多次召开专题会议，研究老年养生旅游的发展工作。南屏乡在开发乡村旅游资源时重点维持乡土特色，配合地域文化，对于一些珍贵的历史遗迹及民间沿袭已久、长期传承的"活文化"，重点保护并合理开发，充分展示南屏

乡特有的传统农艺、乡村生活、农家文化、佛教文化等精髓，以特有的历史文化韵味吸引国内外游客。

除运用民俗博物馆等静态开发手段外，还可运用动态开发，为旅游者提供适当的民俗文化环境，或通过直接展示、或通过组织参与、亲身体验，让旅游者真正感受到当地的民俗风情。针对目前一些经营者缺乏足够的农业知识、经营策略、管理方式，使得农业旅游没有达到预期经济效益的问题，组织相关的培训学习，通过各种宣传、扶持活动，积极提高农村经营户的管理水平，使其具备独特的眼光、清醒的商业头脑、扎实的农业知识、丰富的管理经验及强烈的环保意识和文化保护意识。

发展乡村旅游需要不断完善配套服务，尤其是着力解决好交通、住宿和饮食三大问题，使游客来得通畅、住得舒服、吃得尽兴、玩得愉快。在发展乡村旅游时，根据客户的不同年龄、外地短期游客及本地居民节假日郊游等不同客户群，推出不同层次的服务项目，合理确定项目内容和服务收费标准。同时在项目设计上，除提供文化观光类项目外，还增加了文化体验类产品，形成了多元化发展的格局。

旅游信息

地址：浙江省台州市天台县南屏乡

自驾：

（1）杭州→杭甬高速→杭州湾环线南线→常台高速→G104滩岭入口→滩南公路；

（2）上海→沪昆高速→杭州湾环线高速→常台高速→G104滩岭入口→滩南公路。

县内交通：南屏班车从天台桥南车站出发，发车时间早上6:30~下午5:00

专家点评

　　南屏区位优势一般，旅游基础设施薄弱，但该乡结合山区特点，发展南屏土特产品及特色农业，积极引导村民参与到旅游业中来，实现农业经济转型升级，让山区百姓捧上旅游业这口金饭碗。3年来，该乡实现日最大游客量从200人次到2万人次、年旅游收入从50万元到1300余万元。这不得不说是巨大的成功，尤其是南屏老年养生旅游的鲜明特色，更获得了广泛的关注。南屏的成功，可以总结为三个关键词：大投入、重宣传、带头干。

　　一是大投入，强化旅游基础设施建设。近年来，南屏乡AAA级景区的争创使景区品质得到了提升，南黄古道景点所在的前杨村面貌也发生了翻天覆地的变化。村口投资150万元、1.2万平方米的游客服务中心已改建完成，生态停车场、游客咨询点、影视厅、公厕等配套设施一应俱全，极大地改善了景点停车难、环境差等问题；累计投入200多万元、长5000米的游步道已经初步修建完成；投资58万元新修的长40米、宽3.8米，原木结构的龙潭叠瀑长廊与田园风光融为一体。今年该乡再投资800万元，完成景区4个公厕的改造，以及下汤村观榜山景区规划、建设；完善提升景区内标志牌，结合"五水共治"修建了长1公里的前溪游步道。此外，驴友摄影基地、鲤鱼山观景平台、快乐田园、休息区涉水项目等一大批新景点也相继上马，不仅为南屏景区增添亮点，而且拉长了乡村休闲游的线路，丰富了旅游产品。

　　二是重宣传，打造区域养生旅游品牌。乡里决定举办红枫节，邀请游客一起种植红枫，重塑天台古时的"南山秋色"。古道、梯田、古村落是南屏的重头戏。在实践中，以南黄古道所在村——前杨村为中心，辐射带动周边村一起发展乡村休闲旅游，推出百亩鸡冠花观赏、古民居认租等活动。"大宣传、大推广，为南屏旅游积蓄了高涨的人气。

　　三是带头干，发挥政府和干部的引领、带头作用。在县委、县政府的领导下，南屏乡积极开展"三改一拆"，拆出了空间，改出了美丽，促进了南屏旅游业的持续发展。2015年该乡进一步深化AAA景区提质工程，率先成立了乡镇旅游委和村旅游办,把发展乡村休闲旅游定为"一号工程",以全域化、景区化目标,举全乡之力发展乡村休闲旅游。

南屏乡在建设老年养生旅游示范区的过程中,成功解决了怎么干、谁来干这两个关键问题,破解了难题,取得了成功。

(浙江旅游职业学院院长　金炳雄)

34 东海碧玉　养生胜地

——玉环大鹿岛

在烟波浩瀚的东海上，有一座孤岛浮悬在海面上。岛屿绿色常青、风姿绰约，犹如万顷碧波中镶嵌的翡翠。相传，古时天庭有一神鹿，因偷衔仙果撒于人间而被坠入东海，遂成块状鹿形的孤岛，故名大鹿岛。大鹿岛山秀林美、峰危岩峻、石神礁奇，加上岩雕艺术，多姿多彩，因而被誉为"东海碧玉"。游客朋友，假如你想领略海岛风情，体验海上孤岛的养生意趣，不妨到这神秘的大鹿岛来探寻一番！

大鹿岛，位于温、台二州之间的西太平洋黄金海岸线中段，距玉环坎门应东码头6海里。大鹿岛附近的岛屿，东面与披山岛隔海相望；南侧有中鹿岛相伴；西北各有鸡山、洋屿两岛，而大鹿岛为五岛中心，主峰海拔239.6米。大鹿岛风景区由大鹿岛、小鹿岛两岛组成，两岛相距75米，由一座悬索桥相连接，总面积约2平方公里。属于亚热带季风湿润气候，远离大陆，没有污染

源，空气清新。

大鹿岛是苏泊尔集团属下玉环大鹿岛旅游开发有限公司，于2000年开始开发并经营的海上风景旅游度假区，2007年被评为国家AAAA级景区。景区以海岛自然景观为依托，以岩雕文化为灵魂，形成了以海上森林、奇礁异石、岩雕石刻为主体的海岛特色旅游景观，是休闲度假、避暑疗养、艺术创作、探索发现的风景胜地。

近年来，大鹿岛景区取得了较好的发展，实现了上岛游客数量增加、景区服务水准升级、品牌知名度提升的发展目标，先后获得了众多荣誉：亚洲金旅奖最具中华文化特色景区，全国海岛绿化先进单位，全国十佳文化生态景区，中国森林氧吧，省级海岛森林公园，省级风景名胜区，省级生态文明教育示范基地，省级生态旅游区，省级休闲渔业精品基地，浙江最美岛屿、最美森林，浙江最值得去的岛屿，浙江省老年养生旅游示范基地，台州市职工疗养基地，爱国主义红色旅游基地等。

生态之岛，养生乐园

大鹿岛树木茂盛，四季常绿，有各类植物380余种，包括美国红杉、日本柳杉、法国冬青、北美鹅掌楸、阿尔巴尼亚海岸松及台湾相思树等，森林覆盖率达87.6%，犹如镶嵌在万顷碧波中的一颗绿宝石，故有"东海碧玉"之美称。岛上负氧离子充沛，平均值为2620个/立方厘米，堪称森林氧吧。经玉环县环境监测站的权威监测，大鹿岛的空气质量为一类，为全岛提供生活用水和饮用水的水库水质为二类，堪称"生态之岛"。

为方便游客运动休闲养生,岛上修建了环岛游步道、林荫道,各景点建立了明确的指示标志及围栏、扶手、残障人士专用设备等安全防护设施,还修建了望海亭、鹿鼎阁等供游客休憩的亭台楼阁。景区内开发了生态果园、农家乐、海上垂钓、皮划艇、沙滩排球、篮球、羽毛球、生态捕蟹等旅游活动项目,为游客提供了丰富多彩、健康有趣的运动休闲养生项目。与此同时,大鹿岛还为游客提供了现代化的生活设施,尽享舒适、温馨的旅游休闲生活。岛上建有三星级宾馆标准的鹿岛山庄,有170多个房间,400余个床位,配有豪华餐厅和包厢;还建起了商业一条街、休闲中心、会务中心等综合服务项目,不仅可以接纳大型旅游团,还可接待各种会议;岛上还配备了专业的导游服务团队、消防安全团队、医疗救助团队,高度重视森林防火、食品卫生和游客安全工作,建立了相关应急预案,常态化开展安全演练。使大鹿岛成为游客放心、安心、舒心的养生乐园。

艺术之岛,养心圣地

大鹿岛不仅是个森林密布、奇礁林立的"生态之岛",也是个以岩雕文化而著称的"艺术之岛"。"鹿岛三绝"之一的岩雕艺术(另二绝为海上森林、奇礁异石),已经成为大鹿岛的文化地标。大鹿岛在做大做强生态文明旅游的同时,积极挖掘海岛的文化艺术价值和地质地貌科研价值。大鹿岛拥有洪世清教授历经14年精心创作的近百座岩雕艺术作品,以及刘海粟等艺术大师的摩崖石刻,世所罕见,文化价值深厚,形成了龙门石刻、寿星岩、将军洞等一系列独特的人文景观,堪

称旷世瑰宝，被誉为"世界范围内的一个令人惊异的创举"。大鹿岛深耕生态景观，打造生态文明基地、疗（休）养基地，同时大力挖掘洪世清岩雕的艺术观赏价值、学术研究价值，实现新的提升，延展大鹿岛艺术文化内涵和品质，建设洪世清岩雕艺术馆，启动非遗手工艺等新的旅游项目，深受游客喜爱，效果显著。

美食之岛，颐养天年

在饱览海岛美景、欣赏高品位岩雕艺术后，游客们还可以品尝一下海岛上最新鲜的海鲜美食。大鹿岛的海鲜别有风味，不仅有方便的海鲜面、海鲜年糕，更有玉环著名的海虾小吃，诸如敲鱼面、鱼丸、龙头鱼饼、鱼皮馄饨、虾饺等。大鹿岛美食以玉环风味为主，玉环十八碗等海鲜特色美食大餐，应有尽有，其中又以海鲜最有特色，绝对满足各路"吃货"的胃口，让您一饱口福。大鹿岛设有餐厅、宴会厅、大厅及临客厅，可接待单位会议及会后就餐、婚宴、生日宴会等服务项目，周到的服务质量，传统菜肴的独特口味，将使您意犹未尽。另外还有大鹿岛海鲜大排档一条街，鲜活海鲜琳琅满目，任你挑选、品尝，只要你的肠胃有足够的容量！

打造艺术之岛著名海岛养生旅游品牌

大鹿岛将继续完善岛上生活及观赏游览基础设施建设，强化综合服务功能，提升景区管理和服务水平。对环岛道路、景观景点等进行新的修缮，实施新的亮化工程，打造更富艺术氛围的海岛风光；更新宾馆设施设备，打造更优越的住宿环境；对商业一条街进行改造，打造大鹿岛特色美食项目；引进专业人才，开展专业培训、强化导游接待、市场营销服务能力，打造专业化的旅游服务团队；推进生态园林、生态养殖项目，充分挖掘生态资源价值，强化森林消防、水源保护、景观景点保护，切实维护海岛生态环境。大鹿岛将积极推动由生态之岛向生态艺术休闲养生之岛的转型升级，打造海内外游客共创共享的旅游平台，开发洪世清岩雕艺术馆等新的旅游项目，与上海大学美术学院等高校及艺术家团体合作，对接国内、国际生态艺术和公共艺术人士，提升景区精品化、国际化、品质化水平，提升大鹿岛的旅游品牌价值。

旅游信息

景区名称： 台州玉环大鹿岛景区

地址： 浙江省台州市玉环县大鹿岛

电话： 0576-87566333

门票： 60.00元

住宿： 鹿岛山庄

交通：

1. 温州市区—金丽温高速温州东—乐清蒲岐出口—乐清南岳轮渡码头—玉环—坎门应东码头或者到栈台码头乘船上岛；

2. 甬台温高速—温岭大溪出口—干江栈台码头，再坐船上岛（推荐）；

3. 甬台温高速—温岭大溪出口—玉环—坎门应东码头（只有周末和旺季有船），再坐船上岛；

4. 玉环楚门车站下车，然后乘坐楚门至栈台码头的班车到栈台码头；

5. 玉环城关到大鹿岛：公交车先到坎门，然后坐2路公交车到终点站—应东码头油库，从应东码头乘船前往大鹿岛。

上岛路线：

1. 玉环、楚门—栈台码头—大鹿岛客运码头（约20元/人）。推荐路线，航行20分钟；上岛开航时间：9:00，15:20；离岛开航时间：8:30、15:00；

2.玉环—坎门应东码头—大鹿岛客运码头（约32元/人），航行30分钟。上岛开航时间：10:00、16:10；离岛开航时间：9:30、15:40；

3.导航请定位栈台码头，栈台到大鹿岛每天都有来回客船。

二维码：

专家点评

据《玉环厅志》记载：大鹿山"危峰嶙峻，盘蹬嵌岖，共三十六湾。顶有龙潭。东有虎头山，岩石直矗如虎牙。南有狮子岩，作回首观潮状。折而西有将军洞、龙游洞。稍北有蟹山、鲤鱼山。"并有南宋兵寨、元朝巡检司址等遗迹。大鹿岛东南两侧的海岸，由于长年受海浪的侵蚀，海蚀陡崖，海蚀洞穴到处可见，形成了千佛龛、海狮观涛、五百罗汉、将军洞等七十多处景点。岛上气候湿润，冬暖夏凉，空气新鲜，鸟语花香，原本就是个休闲、度假、观光、避暑的好地方。

近年来，大鹿岛引入苏泊尔集团进行开发与经营，在保护海岛生态环境资源的前提下，苏泊尔集团投入巨额资金进行适度开发，使原本只是个林场转身为大显光彩的养生旅游景区。苏泊尔集团从制定规划开始，按照岛上各主要景点的特点进行开发建设。在全岛设立了龙门、龙游洞、将军洞、戏台岩、天门八洞、五百罗汉、寿星岩、八仙过海、鹿鼎阁等景区。与此同时还注重旅游基础设施建设、岩雕和摩崖石刻的保护与修缮、重修龙王庙和大福寺、新建宾馆与商业一条街、改建码头与开通班轮，以及新建人造沙滩和垂钓中心等旅游项目，使景区的海岛特色更加鲜明，旅游品位显著提高，景区品牌广受欢迎。所有这些，应该是大鹿岛养生旅游示范基地留给我们的宝贵经验。

（浙江旅游职业学院教授　侯明贤）

35 胸中尘俗多如许
借与清泉一洗之

——景宁云中大漈景区

各位朋友，当你看到这"云中大漈"时，或许会问这"漈"字如何念？是什么意思？在下告诉你吧！这"漈"字读半边的"祭"就对了，而其意则与"瀑"相同，"大漈"就是"大瀑布"的意思。景区以"云中大漈"为名，便是因为在高山云雾中有一大瀑布"雪花漈"而得名。大漈海拔千米，森林密布、空气清新、物产丰富、文化灿烂，是一处旅游观光、休闲养生的绝佳去处。

下编 老年养生旅游示范基地

大漈，位于景宁西南部，距县城48公里。景区海拔千米，四面环山，为高山小盆地。大漈养生旅游资源极其丰富，拥有得天独厚的自然禀赋，自然景观秀丽、文物古迹众多、田园村落景致宜人，素有"九仔十三垟"之称。山林面积3733公顷余，森林覆盖率达92.3%，负氧离子含量10 000个/cm3，全年空气质量、噪声指标、地表水质均达到国家一级标准，是理想的旅游度假、休闲养生避暑胜地。景区外围群山环绕、烟雾弥漫，被喻为"云中桃源"；景区内人文景观与自然景观和谐统一，享有"寺、祠、院三观同址，宋、明、清三代同堂，儒、释、道三教同炉，古树、古寺、古桥、古村四古荟萃"的美誉。人文景观主要有：建于南宋时期的全国重点文保"时思寺"；建于清乾隆时期的全国重点文保古廊桥——护关桥；明朝独特建造风格的"梅氏宗祠"；崇尚耕读风尚的遗存"举人桅杆"；浙江省非物质文化遗产——大漈地方民俗"抢猪节"；明朝银矿遗址银坑洞等。著名的自然景观有：亚洲之最"柳杉王"，树龄1500多年；"浙江绿谷十佳景点"之一的"雪花飞瀑"；景宁县第一高峰上山头的千亩猴头杜鹃林；素有"江南第一梯田"美誉的小佐梯田，被誉为"黄山一角"的绝壁景观阳岚寨等。这些独特而又丰富的自然与人文景观，为大漈开发与发展养生旅游奠定了良好的物质与文化基础。大漈村被省委省政府命名为浙江省第五批全面小康建设示范村、省级农家乐示范村；大漈乡被授予民族艺术家采风创作基地和国际民俗摄影采风基地荣誉称号。"云中大漈"还分别被省林业厅和省环保局评为古树群林业观光园区和浙江省生态环境建设示范教育基地等。2010年大漈被评为国家AAAA级旅游景区。2015年大漈乡被评为浙江省老年养生旅游示范基地。

雪花飞瀑，古杉参天

大漈景区自然景观丰富多样，但最为人所称道的应该是"一瀑一树"。"一瀑"，即是位于大漈村尾的"雪花飞瀑"。据《景宁县志》载："大漈瀑高六十余丈，气势雄伟，风景独特。"大漈因此而得名。站在山岸绝壁之下翘首仰望，形、势、声均与众不同，其形如滚滚雪团，其势如风驰电掣，其声如万马奔腾，

惊雷震谷。古诗中描述的"战胜玉龙千百万,败鳞残甲满天飞"的大雪纷飞景象,呈现眼前,让人真切地感受到其雄壮、博大的气势,仿佛听到绝壁间雷霆的争斗、千军万马的驰骋,仿佛有一种力量注入躯体,令人精神为之一振。雪花飞瀑,下临莽莽深渊,峭崖壁立,飞瀑似雪。阳岚寨绝壁,面迎飞瀑,下临危谷,庞大赫然,其景色不是一般悬崖可以比拟。抬头远望,苍苍茫茫的千米群峰高耸入云,构成了一幅山水奇绝的自然景观。清人李璜在《大漈观瀑》诗中说:"万山随地耸,一水拍天浮"。这10个字形象地说明了雪花漈四周深沟大壑,高峰巍峨的地势和漈水拍天喷涌、浮动倒泻的奇异景色。清人张琢到此也曾吟诗曰:"叠雪喷珠景最奇,我来相对却相宜,胸中尘俗多如许,借与清泉一洗之"。在现代快节奏生活中,您的胸中有没有丝丝烦忧和点点俗尘,如有,不妨下来洗一洗,至少,也能清心片刻。

"一树",就是柳杉王。柳杉王树龄已有1500多年,腰部因遭雷击成空,内

可容纳20余人，胸径4.47米，为全国之最。景区内百年以上的古树有400多株，其中千年以上的古树就有207株。2006年12月，古树群观光园区被评为浙江省林业观光园区，同年被评为省级生态环境保护示范教育基地。柳杉是大漈古树中最常见的树种，树龄都在千年以上。柳杉为常绿乔木，临安天目山上、龙泉凤阳山景区也有许多古老的柳杉。柳杉一般树龄30年后就不太长高了，但直径的生长却可持续到数百年，所以能长成非常粗的大树。以柳杉王为核心的大漈古树群已成为浙江省内的古树奇观。

运动休闲，避暑养生

大漈乡海拔1030米，常年平均气温13℃，高山、森林、空气等生态资源是开发避暑、运动休闲的绝佳胜地。大漈乡于2015年投入200多万元在潘宅村建设了"大漈运动休闲养生基地"。该基地包括门球场4个、排球场4个、地掷球场4个、更衣室1个、休息室2个，以及公厕、绿道等相关配套设施。大漈乡面积辽阔，是仅次县城的第二大盆地，在乡内设有三个公共自行车点，给游客提供便捷的骑行服务，除骑行外，还可以爬爬森林浴道，在欣赏美景的同时也锻炼了身体。

节庆丰富，文化养生

自古以来，中国养生文化就十分注重"三养"，即养气、养身、养心。"三养"所依托的资源大体是自然、运动、文化。大漈景区已具备了自然养气和运动休闲养身的条件，"养心"文化资源也相当丰富。这里不仅有儒、佛、道三位一体的宗祠寺庙，还有传承至今的众多民俗节庆活动，如，大漈板龙、大漈花鼓和抢猪节等。

大漈板龙 已有500多年历史，是在每年正月十四、十五夜晚舞龙灯闹元宵的传统岁时节令舞蹈。以前村民一直都把板龙叫作佛龙，村民很崇拜佛龙，认为佛龙能保佑他们一年平平安安，丁财两旺。对当地村民来说，舞龙是头等大事，所以每年龙灯经过村子都要虔诚地放鞭炮迎龙。舞龙活动在历史上按照大漈七堡轮流举办，不管每堡有多少户人家，板龙必须要有37桥以上，不然就要被另外六堡村民笑话，各堡之间会相互竞赛看谁办得更好。如今是按村为单位举办，板龙龙身连接起来最长有300多米长。每年的元宵板龙节场面热烈、气势壮阔。

大漈花鼓 历史悠久，已传承500多年、内容丰富，曲调优美，是村民喜闻乐见的民间表演形式之一，现已列入县级非物质文化遗产。花鼓戏主要曲目有《大花鼓》、《小放牛》、《凤阳看相》、《走广东》、《补缸》、《卖花钱》等数十片断，从正月初一一直演到正月十五。2005年8月挂牌成立了"大漈乡民间戏艺术团"，使大漈花鼓戏这一传统文化得以传承发扬。

抢猪节 是大漈祖先们首创的大型群众庆丰娱乐活动。内容健康、生命力强，数百年来，流传至今，人们还是津津乐道！相传：一日，平阳卖小猪的客人赶着一群小猪路过中洋。突然，小猪猛惊四处逃窜，客人无策，仰头大

浙江省 养生旅游范例

叫。田间农民们放下手中活,分奔追小猪。客人特将小猪降价出售,以表酬劳。村内除少数户外,几乎家家都养起了小猪。过去,人们在较长时间投入紧张的秋收大忙,人人都感到身疲力衰。杀猪吃肉、补充营养正符合其生理需要。信菩萨,是农村人们的精神慰藉,迎神、演戏、正满足人们的心理需要。"大漈"过去是西村(西一村、西二村)、彭村、潘宅、梅方坪、洋头、茶圆、漈头等七堡(自然村)的总称。"抢猪节"是七堡依次轮流进行的。抢猪的内涵就是"竞赛"。通过活动,比一比谁家养的"猪"最大和最小,赛一赛谁家的猪力量最强,以互相促进。此活动,家家参与,很富有民族特色。

此外,大漈还举办"茭白节",有巧媳妇装茭白,大力士挑茭白等活动项目;同时乡政府与老年协会联合举行"九九重阳节敬老"活动,晚辈们向长辈行敬老礼、奉上茶和重阳糕,与长辈一起诵读《孝经》、《大同篇》,以为父母长辈系带围巾、梳头等形式,向公众展示尊老、敬老、爱老、助老、孝老的孝亲敬老规范。游客们白天绿色骑行,晚上举行篝火,之后睡帐篷。这些节庆活动既有娱乐性又有健身性,深受游客喜欢。

旅游信息

景点名称: 云中大漈运动休闲养生基地

地址: 景宁县大漈乡

电话: 0578-5066998

附近酒店: 梅园山庄酒店、云中山月酒店。

交通: 距离温州机场190公里,距离丽龙高速云和出口60公里,距离丽水高铁123公里。

专家点评

大漈景区位于浙江著名畲乡景宁县中南部。这里有峡谷奇峰、溪涧飞瀑、云海日出和参天古树等自然资源，又有古寺廊桥、宗教寺院和畲乡民俗等人文资源。区内生物多样性十分突出，是浙江省植物资源宝库，科学价值较高，而千年柳杉王和千亩猴头杜鹃等景观更是省内罕见。景区内空气清新、水体洁净、环境清幽，生态质量优越，是避暑和休闲养生的绝佳去处。

大漈乡党委、政府立足实际，提出了"生态立乡、特色兴乡、旅游活乡"的发展理念，借助丰富的旅游资源和高山气候优势，开发运动休闲旅游项目，培育特色养生产业，大力发展以大漈"雪松"高山冷水茭白为龙头的高山反季节养生蔬菜267公顷，仅此单项就为大漈带来人均5000多元的收入；与此同时，积极引导广大村民从地方特色文化入手，大力开发各种参与度高、体验性强的旅游节庆活动，让广大游客在大漈参与"游云中桃源、尝山珍美食、购绿色产品、享乡村浓情"等特色旅游项目，在游山玩水中呼吸清新空气，在有氧运动中强健体魄，在品尝山珍美味中补充营养，在民俗节庆活动中体验乡情乡愁，最终达成养气、养身和养心"三养"合一的最高养生境界。这或许是云中大漈留给我们的宝贵经验。

（浙江旅游职业学院教授　汪亚明）

浙江省养生旅游范例

36 天然氧吧灵秀地
冬暖夏凉养心园

——遂昌县南尖岩景区

江南的初秋从和风湿润中开始，色彩在不经意间悄悄变化，骤雨后的一个初晴，山高水长的南尖岩，会揭开怎样的面纱？

四周高山围绕，云海如潮汐般涌来，远处的山尖隐约如岛屿。景区像一个看潮起潮落的航海家，曙光中心随浪涌。太阳久久不能露脸，云雾中醒来的山谷迷离梦幻，倒也给了梯田一片清幽的体态，早熟的稻田黄绿相间，出落得清新淡雅，对面几户山里人家，隐约住在天庭。一条被誉为浙江省最高海拔的玻璃栈道横空挑出，云海触手可及。南尖岩的流云滚动很快，每一刻都会呈现不同的意境，在玻璃栈道上静静地停留一会儿，与云海来一次深度的邀约。

浙江遂昌旅游发展股份有限公司下辖的遂昌县南尖岩景区，位于浙江省丽水市遂昌县西南部，景区所在地王村口镇石笋头

村,距县城约50公里,距杭州不到3小时车程,距上海不到5小时车程,距丽水不到1小时车程。2015年12月20日,丽水成功迈入高铁旅游时代,更是极大地缩短了遂昌县与各城市间的空间距离。景区总规划面积6平方公里,核心面积3.7平方公里,有九大景区,30多个景点。配套建设有游客接待中心1栋、餐厅1栋、宾馆3栋,客房92间。购物中心、娱乐中心、摄影长廊、大小会议室俱全。景区集黄山的云海、三清山的栈道、哈尼的梯田、九寨沟的竹海、罗平的"花海"及南方的古村落和壮观的流泉飞瀑、奇峰怪石于一身,是一个融养生休闲、康居度假、文化寻幽、摄影教育于一体的多功能旅游景区,景区自2006年开园以来,荣获了国际摄影创作基地、国家AAAA级旅游景区、浙江省首批生态旅游示范区、浙江省首批文明风景旅游区、浙江省五星级森林旅游区、浙江省综合品质十佳景区等荣誉称号,2015年12月成功申报为浙江省老年养生旅游示范基地称号。2015年南尖岩景区共接待国内外游客15万余人次,同比增加24 735人,增幅20.29%;营业总收入1048万元,同比增加266万元,增幅34.02%;其中门票收入721.94万元,同比增加175.94万元,增幅32.22%;客房收入326.06万元,同比增加113.16万元,增幅53.15%。

保护型开发战略,彰显生态环境特色。

为保证老年游客来景区养生、养老的生态品质,景区在景区开发过程中提出并竭力实施了"保护型开发战略",在保护环境的前提下进行资源开发,确保生态资源的可持续利用。目前景区森林覆盖率高达92%,每立方厘米空气负氧离子含量

平均高达20 000个，高出世界清新空气标准13倍以上，位居全省前列。景区作为山水类景区，良好的生态环境是景区最宝贵的资源。为更好地保护景区旅游资源，景区建立健全各项保护制度，明确景区资源保护范围，通过专项保护措施，科学管理，使景区保持原有的真实性和完整性。景区非常重视区内古树名木的保护，制定了一系列保护措施。每年定期邀请县林业部门专家对景区内所有古树名木进行保养、维护。

高质量硬件设施，体现景区"硬品质"。

为更好地接待服务游客，提升老年游客在南尖岩期间的旅游品质，景区进行了二期（深度）开发建设。南尖岩景区二期开发总投资约4500万元，主要用于景区容量拓展、文化内涵提升、设施完善及服务优化等几方面。建设了游客接待中心、餐厅、停车场、C段"老年人漫游道"（九级瀑景点到大坑景点游步道）、大坑景区配套设施、景区配套公路工程改造及电力、给排水设施增设优化和绿化、亮化等基础设施工程。

因老年人在旅游安全事故中逃生概率较低，景区在创建国家AAAA级景区原有设施基础上，进一步完善了消防、用电、用水等设施。严格执行保安巡逻制度，加大防火、防盗、防事故发生的力度。大力整顿游览秩序，在原有基础上又在危险点位设置各种安全提示牌、警示牌，考虑到老年人普遍视力较差，特将标语字体放大使之较为醒目，以确保游览途中安全。

人性化服务成为老年人的"贴心人"

景区与丽水旅游职业学院合作，制订了详细的全员培训提升计划，每年至少进行一至两次培训，主要从以下几个方面入手：

（1）进行景区全员培训：从旅游服务礼仪、旅游从业人员十大意识、旅游市场营销、遂昌旅游文化、丽水主要旅游线路、丽水主要景点特色等方面进行系统培训，提高南尖岩景区工作人员的旅游文化素质和基本服务意识。

（2）重新完善导游词创作，进行景区导游讲解培训，提升景区导游讲解质量。

（3）景区酒店服务人员进行分部门培训：规范总台服务、规范客房服务技能、餐饮服务技能。

（4）其他岗位的服务质量提升培训：售票服务技能及规范、检票服务技能及规范、停车场服务及规范等培训和督导。

（5）特殊群体的人性化服务，如，对老年人、残疾人等需要特殊照顾的群体，有一套针对性的服务细则。

满足多元消费需求，建立高品质养生旅游基地

旅游发展公司经营（营利）模式主要由服务营利模式与产业互动营利模式相组合，早期传统的形态是以景观观赏为核心的主打产品。随着行业的不断发展、创新，各层次旅游群体多元化消费需求的增加，旅游活动也从传统的观光娱乐型向休闲体验型转变。仅仅依靠山水资源本体的观赏及依附门票、住宿经济，已不能达到或满足现今大众的旅游消费需求。因此，旅游发展公司一直致力于旅游产品的创新与转型，例如，如何改变路途中行进的枯燥，如何变成充满乐趣的旅程，兴奋点的节奏与方式，景点内的观赏方式、休憩方式、游乐方式，参与目的地丰富的生活，夜间娱乐及餐饮的特色化、风情化，住宿的主题化等方面模式的转变和技术创新。下一步，公司还将多方向、多角度对自身的旅游产品进行包装、拓展和延伸，如，在旅游交通方面、精品民宿打造方面、文化旅游商品开发方面等。

（1）依托南尖岩山好、水好、空气好的养生、养老优势，景区组织营销人员开拓老年

旅行社合作渠道，与杭州、上海、苏南等重点市场的老年团旅行社纷纷建立合作关系，利用老年报、老年刊物等媒体进行形象宣传，并对老年社区进行走访、推介，宣传南尖岩景区的老年养生、养老产品。

（2）针对老年人生活单调、孤独感较强、缺乏关爱等特点，景区依托自身优秀的生态资源、乡村文化资源，分季节、节点，策划、包装了一系列老年人旅游产品供老年人选择，同时组织老年人开展摄影、书法绘画、农事体验等活动，让从都市来的老年人在南尖岩景区养生期间能老有所乐。

（3）2012年投资250余万元，完成了景区1号楼（游客中心）的消防工程建设，和景区2号楼室内装修项目，进一步提升了景区的旅游接待品质。

（4）针对南尖岩景区高海拔、高雷区的实际情况，投资约30万元，建设了景区防雷系统，为游客和景区工作人员的防雷击安全提供了保障。

（5）根据安全管理和生产经营的需要，2014年投资10余万元，对景区原有的电子监控系统进行更换和全覆盖，在停车场、游步道、检票口等位置增设了15个数字电子高清监控系统。

旅游信息

地址： 遂昌县王村口镇石笋头村

电话： 0578-8555666

网址： http://www.scnjy.com/Index.aspx

景区门票： 散客80元/位；农家乐/网络价/团队价（含换乘）：70元/位。

交通：

（1）自驾：遂昌高速出口共有两个，遂昌东出口和遂昌出口，建议游客在遂昌出口下高速，之后约1公里处的T形路口向右转直走。经过三仁乡、大柘镇、石练镇（车程大约40分钟左右）。过石练镇后2公里处的换乘中心后，请注意公路左边的南尖岩入口指示牌，即开往南尖岩方向（车程约30分钟）。如果游客导航比较新的话，可直接搜索到南尖岩景区（也叫石笋头村）。如果是旧的系统，可先搜索到石练镇或者大茂坑、石笋头，即可到达景区。

（2）公交：遂昌客运中心出发至南尖岩：7:30、13:50发车；南尖岩返回至遂昌客运中心：9:00、15:00发车

二维码：

专家点评

遂昌旅游近年来在地方政府的强力推动下，成为丽水乃至整个浙西南地区重要的旅游高地，而南尖岩则是遂昌旅游的一颗明珠，具有较好的发展基础。然而，对于养生旅游尤其是中老年养生旅游来说，南尖岩还是一名新兵，一方面，在景观质量上独树一帜；另一方面，从各类养生旅游配套设施和接待能力上看，与邻近的另一避暑养生地——高坪也有着一定差距。下一阶段，南尖岩要做好三篇文章：

一是要全力加快旅游景区转型升级的步伐。南尖岩顶峰只有宾馆住宿，接待能力有限，由于山顶面积狭小，建设用地紧张，且没有较大规模的村落。当务之急是要加快对山上农家乐的支持力度，帮助他们提高接待能力和服务品质，从而缓解养生度假住宿接待能力严重不足的瓶颈。在建设管理上，对景区的绿化美化、建屋造房等工作要从面积大小、数量多少和图形样式等方面全盘考虑，做到实用与艺术的完美统一、自然风貌与人文底蕴的高度协调，使每座桥梁、每栋房屋都能成为景点，做成经典。

二是要全力建设旅游公共服务体系。到南尖岩的游客大多采取自驾游、自助游的形式，特别是暑期客流高峰，南尖岩上山道路拥挤现象频繁出现。通景公路、景区内公路建设及景区的基础设施（如停车场）等，都需要遂昌相关部门和景区引起高度的重视，按计划逐步予以改善和解决。

三是要全力推进旅游与养生、中医药、文化的整合。众所周知，养生旅游的关键在"养"，如何让度假避暑的老人有药可医、有食可养、有事可做、有节目可看……，这些都是养生旅游发展的关键环节。遂昌的竹炭、茶油、中药和文化旅游都有相当的基础，但具体在南尖岩景区，这些要素都不明显。下一步要为南尖岩景区注入文化之魂、养生之基，围绕汤显祖文化、民俗文化、养生文化及美食、中医药、农林特产等文化因子，形成旅游+新亮点，打造南尖岩老年养生旅游的核心竞争力。

（浙江旅游职业学院副院长、教授　王忠林）

后 记

　　2016年的夏天是一个注定要进入历史记忆的时节，举世瞩目的里约奥运会搅动起每一个体育爱好者的神经。我正是在为中国奥运健儿紧张、激动、欢呼而又有些许遗憾的心境下，完成这部《浙江省养生旅游范例》的编撰工作的。在本书稿行将付梓之际，我愿把本书的编撰缘起、过程及特点略叙于后，以备查考。

　　记得还是在去年5月份，省旅游局领导决定编写一本《浙江省养生旅游范例》，既可作为近年来浙江省在中医药和老年养生旅游方面的成果展示和经验总结，又可作为继《浙江省乡村旅游发展经典案例》、《浙江省工业旅游经典案例》、《浙江省文化旅游经典案例》和《浙江省运动休闲旅游范例》之后的第五部案例丛书，较为全面地反映浙江省旅游业与其他行业融合发展的整体面貌。为此，课题组在省旅游局相关处室的指导与协助下，以浙江省中医药养生旅游示范基地和老年养生旅游示范基地入选名单为线索，开始在全省范围内进行案例征集工作。经过课题组、省局相关处室和被征集单位的共同努力，于今年7月终于征集到了共58个基地中的42个案例。课题组成员对征集到的案例稿进行了初审，从中优选出36个内容较完整、又有一定代表性的案例编入此书，并对入选案例进行了仔细修订与精心编撰，最终形成了《浙江省养生旅游范例》书稿，经省局相关领导审阅后交由旅游教育出版社正式出版。

　　本书在体例上承袭了《浙江省运动休闲旅游范例》的样式，先将入选的36个案例分成上下两编。上编：中医药养生旅游案例，共15个；下编：老年养生旅游案例，共21个。每个案例由导语、基地概况、养生旅游资源开发特色、养生旅游经营管理经验与做法、养生旅游未来发展愿景、旅游相关信息和专家点评等七大版块构成，并配上精美图片3~5张，形成图文并茂的整体视觉效果。本书由王忠林教授任主编，汪亚明教授任执行主编。刘建明整理案例12个，高飞整理案例10个，汪亚明整理案例15个，李镇华制作附图，最后由汪亚明统稿。

  本书的特点可概括为"三性"：全面性、先进性和可读性。所谓"全面性"，是指本书从地域空间上覆盖了全省11个地级市的相关村镇；从资源上囊括了全省所有的青山绿水、奇花异草、江河湖海、山珍海味和各具特色的地方养生文化。所谓"先进性"，是指本案例是全国正式出版的首部养生旅游范例，在养生旅游特色资源的保护、开发和经营管理上积累了许多可资借鉴的经验和做法，具有引领性和可操作性。所谓"可读性"，是指本案例文字简洁通俗、图片精美生动、编排合理大气，非常适宜当代人喜爱读图的阅读审美取向。可以预见，有了这"三性"定会引来广大读者的审美凝视。

  在本书出版之际，首先要衷心感谢省旅游局相关领导，正是由于他们的超前谋划、精心组织和悉心指导，才有本书的顺利编撰与出版；其次要感谢浙江旅游职业学院课题组及各入选单位的精诚合作和共同努力，才能保质保量地完成编撰任务；再次要感谢各位点评专家贡献的真知灼见，为本书增添了智慧的光芒；最后还要感谢旅游教育出版社的编辑同仁为本书付出的辛勤劳动，正是你们的努力才使本书得以按计划顺利出版。

  在2016年G20杭州峰会召开之际，赋诗一首，以志纪念：

西湖山水浙江潮，喜迎各国众首脑；

共商世界发展势，一年更比一年好。

《浙江省养生旅游范例》课题组

2016年8月21日记于杭州